Olas de gracia

Experiencias de devotos

Olas de gracia
Experiencias de devotos

Publicado por:
Mata Amritanandamayi Center
P.O. Box 613
San Ramon, CA 94583
Estados Unidos

–––––––––––––––– *Waves of Grace (Spanish)* ––––––––––––––

Primera edición: abril de 2020

En España:
www.amma-spain.org
fundación@amma-spain.org

En India:
www.amritapuri.org
inform@amritapuri.org

En Estados Unidos
www.amma.org

Olas de gracia

Experiencias de devotos

Mata Amritanandamayi Center, San Ramon
California, Estados Unidos

Oh Amma,

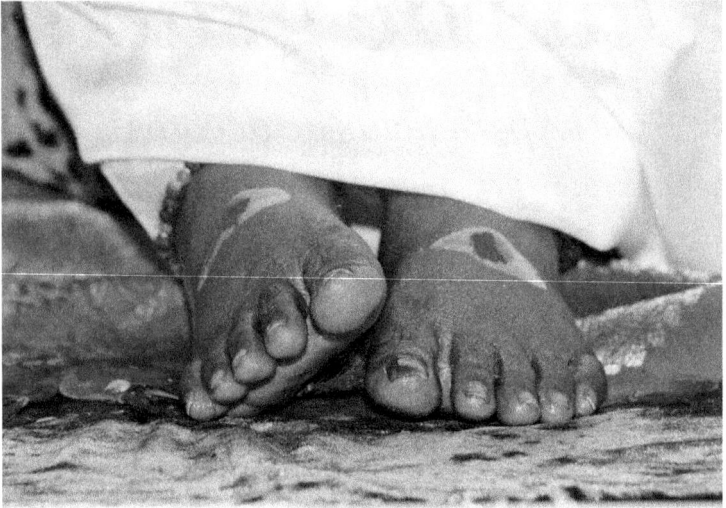

*haz que las olas de la gracia divina
bendigan nuestra vida y nos lleven a ti.*

Índice

Prólogo 9
Brahmachari Satish

Nuevos horizontes

«¿Qué quieres?» 13
Dhanya Vingadassamy, Isla Reunión

«¡Has venido a ayudar!» 16
Shanti Jayaraj, Australia

«¡Mi Mamá!» 20
Esther Mueni Wambua, Kenia

«Ella nos escucha a todos» 23
I. C. Dave, India

«Eres mía!» 27
Lakshmi, India

«¡Mi querido hijo!» 32
Animon, India

«¡Ese niño se parece a mi hijo!» 36
Cecile Villacampa Toubal, España

Rito de paso

Madre de la libertad 41
Áswathi, Estados Unidos

Ella me elevó 49
Vijaykumar, India

5

Una lección dolorosa   54
O. Sham Bhat, India

Una nueva vida   58
Rahul Menon, India

Transformación   61
VSK, India

De vuelta a la vida   65
Rebekka Roininen, Finlandia

Aquella colilla   71
Indira, India

Unción

Gracia divina   76
MKR, India

Auténtico páyasam   80
Ahalya (Maila Korhonen), Finlandia

Toque mágico   87
Andrew Bukraba, Australia

Mensajero misterioso   90
Satish Kumar V., India

La Madre que lo sabe todo   93
Amit Kadam, India

Protección divina   97
N. Vasudevan, Nigeria

Mata Pita Press   101
Lálita Unni, India

Ungida de amor   105
Sharadamani, India

Gracia salvadora

Amma me curó   110
Yusuf Husayn Abdullah, Reino Unido

Gracia salvadora   113
Swapna Dayanandan, Singapur

Regalo del destino   118
Prem, India

Ella nos cuida   122
Santosh (Sunny Nell), Estados Unidos

Mi secreto   126
M. Ramakrishnan, Estados Unidos

Médico primordial   129
Dr. V. Satyaprasad, India

Renacimiento   132
E. Shanta Krishnankutty, India

Cuando Amma dice algo   137
Ashok Nair, Qatar

Conociendo a la Madre   142
Aftab Ahmed, India

Viaje bendito

Maverick   148
Sugunanandan-achchan, India

7

Sobre brasas incandescentes 160
Kasturibai, India

Viaje bendito 169
Sathish Idamannel, India

Yo le di clase a Amma 175
Selin Rodrigues, India

Mi Amma 179
Rajan Maestri, India

Primeras impresiones 185
Sethuraman Shrínivas Kuruvimalái, Estados Unidos

Compromiso eterno 190
Réhana Raj T., India

«¡Amma sigue siendo la misma!» 198
Priyan (Fouad Nassif), Líbano

Cruzar

Mi Madre 208
Brahmachari Eknath, India

La aparición Amma 215
Mádhuri Biswas, India

Compasión infinita 219
Brahmachari Niranjanámrita Chaitanya, India

Nunca es tarde 224
Mádhavi (Raymonde Binner), Estados Unidos

Glosario 230

Prólogo

El *samsara*[1], el incesante flujo de la existencia característico del torbellino de la vida mundana y del ciclo de nacimiento, muerte y renacimiento, a menudo se compara con el mar y sus olas. Un buscador de la Verdad debe cruzar ese inmenso océano de transmigración con el fin de conseguir *moksha*, la liberación espiritual. La clave para conseguir cruzarlo es la *íshwara kripá*, la gracia de Dios.

¿Cómo se puede obtener la *kripá*? ¿Aferrándose a Dios, del mismo modo que una cría de mono se aferra a su madre? ¿O como un gatito, dejando que la Madre Divina lo sostenga por el cuello con la boca? Del mismo modo que las crías del mono y del gato, es decir, esforzándose y entregándose, ya que hay varias etapas en el camino hacia Dios.

Amma así lo indica. Ella define la palabra *áshram*, traducida generalmente como «monasterio», como: «*aa shramam*», «el esfuerzo»; el esfuerzo que se hace para conseguir la meta espiritual. De ese modo, está claro que Ella fomenta la *sádhana* (el esfuerzo espiritual). No obstante Amma recalca una y otra vez que, más que esfuerzo humano, lo que se necesita es la gracia divina.

¿Qué es exactamente la gracia? Es el factor desconocido que nos lleva al éxito cuando nos esforzamos. Se manifiesta como el noble impulso de hacer el bien e ir hacia Dios. La *kripá* es, aunque intangible, palpable. Así lo afirman multitud de devotos y este libro es un testimonio de las olas de gracia divina que han bendecido sus peregrinaciones por la vida.

---

[1] Hay que leer las palabras indias como si fueran españolas, con las siguientes excepciones: Las letras *sh* y *j* suenan como en inglés (por ejemplo, en *shock* y *John*). La letra *h* siempre aspirada, como en inglés (*house*), nunca muda como en español. La letra *r* siempre suave, como en *cara*, no como en *rosa*, aunque vaya a principio de palabra. La doble ele no es una elle sino dos eles pronunciadas una detrás de la otra. (N. de los trads.)

La presencia de Amma es exuberante y, a veces, su influencia propicia se siente mucho antes de conocerla en persona. *Olas de gracia* empieza con las historias de aquellos que conocieron a Amma antes de conocerla físicamente, encuentros que abrieron nuevos horizontes en su vida espiritual.

Para la mayor parte de los buscadores, la vida espiritual no se vive en una burbuja sino en la gran corriente de la vida terrenal, con sus pruebas y tribulaciones. El sol que brilla detrás de las nubes oscuras es el guru, cuya gracia y guía luminosa libra a sus seguidores del sufrimiento y da esperanza y sentido a su vida. En las siguientes páginas se incluyen testimonios del modo en que las sabias palabras que Amma les dedica a sus hijos les dieron fuerza para seguir adelante y de cómo su gracia los salvó de las garras de la enfermedad, la adicción y otros infortunios.

Dicho esto, no hay que pensar que la única finalidad de la espiritualidad es ayudarnos a sortear los peligros ocultos de la vida. No se trata de una vía de escape, como Amma nos recuerda a menudo. Por el contrario, la asimilación de sus principios es lo que nos ayuda a afrontar con ecuanimidad tanto a lo bueno como a lo malo. El hecho más inmutable de la vida es la muerte. Algunas de las historias más destacadas que encontrarás a continuación son las de aquellos que tuvieron que hacer frente a la muerte de sus seres queridos y de cómo lo hicieron sin derrumbarse.

En las profundidades insondables del océano del samsara yacen piedras preciosas, y esas perlas de paz y joyas de sabiduría espiritual pueden recogerse por medio del amor puro a lo Divino. Muchos coinciden en que Amma ha enriquecido su vida con el incalculable tesoro de la devoción, el altruismo y la compasión.

Este libro es una recopilación de muchas experiencias de la gracia divina que los devotos de todos los ámbitos y de todas las partes del mundo han compartido en los últimos treinta años por medio de las páginas de *Matruvani*, la principal publicación del áshram. Muchísimas gracias a todos ellos. Gracias a Dayakaran

Hirtenstein por recopilar y escanear meticulosamente numerosas ediciones de *Matruvani*, en especial las más antiguas. Gracias también a Vimalkumar, que pintó las excelentes ilustraciones de Amma que aparecen en el libro. Por último, pero no menos importante, gracias a Swami Amritaswarupananda Puri, Vina O'Sullivan y Jyotsna Lamb por su incalculable aportación editorial y de crítica constructiva.

Om Amriteshwaryei namahá.

Brahmachari Satish

Nuevos horizontes

«¿Qué quieres?»

Dhanya Vingadassamy, Isla Reunión

Nací en Isla Reunión, cerca de Mauricio. Mi padre era de origen indio, mientras que mi madre era de origen indochino. Me bautizaron y fui criada en la fe cristiana. Cuando era niña rezaba y confiaba en la Virgen María. Le contaba todas mis preocupaciones infantiles mientras adornaba su altar con flores en la iglesia. Ella era la Madre compasiva que no solo me escuchaba, sino que también me comprendía.

Me casé a una edad avanzada. Mi marido no tenía ningún interés en la espiritualidad, pero por la gracia de Dios pude introducirlo en el camino espiritual. En 1970, al tercer año de estar casados, nació nuestro primer hijo. Siempre estuvo muy enfermo, desde el primer día. Sus posibilidades de sobrevivir eran prácticamente nulas. Cuando tenía cuatro días los médicos empezaron a hacerle transfusiones de sangre, y así siguió durante meses. Yo le rezaba con fervor a la Madre Divina, haciéndole muchas promesas, con la esperanza de salvar así la vida de mi hijo.

Una noche de 1971 soñé con una mujer resplandeciente, vestida con ropa india colorida. Toda Ella era luz. Vi con claridad un aura luminosa que coronaba su cabeza. Nunca la había visto antes. Nos tomó a mí y a mi hijo en sus brazos y me preguntó:

—¿Qué quieres?

Le respondí que quería que mi hijo estuviera sano.

El milagro ocurrió casi al instante. Mi hijo se recuperó completamente. Mi marido se quedó atónito y me pidió que le contara el sueño con detalle y le describiera a la resplandeciente mujer. Los médicos se sorprendieron aún más, puesto que ya no hacían falta más transfusiones de sangre. Mi fe en la Madre Divina se volvió mucho más fuerte y seguí rezándole.

En 1978, cuando estaba embarazada del segundo hijo, me encontraron un tumor benigno muy grande en el vientre que puso el embarazo en peligro. Un día, al llegar a casa después del trabajo, me tumbé en la cama. De repente vi en la ventana la forma divina que había visto en sueños varios años antes. Me sonrió. Mi marido, que también estaba en la habitación, no vio nada, pero se asustó al verme la cara. La visión duró tan solo unos segundos. A pesar del tumor, mi hijo nació sano y seis meses más tarde me operaron para eliminarlo.

En 1982 conocí por casualidad al brahmachari Madhu. Me habló de Amma y me dio una pequeña foto. Me dijo que colocara la foto en mi casa y que pusiera una flor a sus pies. La foto me atraía muchísimo. Desde entonces empecé a hablarle a Amma siempre que rezaba. Miraba la foto y hablaba con Ella. El brahmachari Madhu, que más tarde se convirtió en Swami Premananda, solía visitar nuestra casa. Rezábamos todos juntos y celebrábamos los cumpleaños de Amma. Y, poco a poco, mi vida cambió. Cada vez me sentía más cerca de Amma y mis prácticas espirituales eran más intensas.

En 1987 Amma visitó Isla Reunión por primera vez y pude conocerla en cuanto bajó del avión. Aquél fue mi primer darshan y, aunque era la primera vez que la veía en persona, tenía la impresión de conocerla desde mucho antes.

Durante el primer devi bhava en el áshram de Saint Louis, en Reunión, Amma me sostuvo en sus brazos. Entonces fue cuando reviví el sueño que había tenido dieciséis años antes, en 1971. La Madre vestía del mismo modo que en mi sueño y su apariencia era exactamente la misma. Además, me miró igual que en el sueño. Y entonces, me preguntó lo mismo:

—¿Qué quieres?

Me eché a llorar, porque supe que tenía frente a mí a la Madre a la que llevaba rezando todos esos años, la Madre Universal, la encarnación del Amor y la Compasión.

(Mayo de 1999)

«¡Has venido a ayudar!»

Shanti Jayaraj, Australia

Nací en Shri Lanka, pero he vivido muchos años en Australia. Tengo tres hijas. Una de ellas es una niña con necesidades especiales que necesita muchos cuidados. A ella, Yarlini, la considero un regalo de Dios.

Nació en Shri Lanka el 29 de marzo 1980, con ataques de epilepsia desde el momento del nacimiento. Solía tener entre cinco y seis ataques cada día. A los catorce días de nacer ya le dieron su primera medicación para evitar los ataques, pero no funcionó.

Cuando Yarlini tenía dieciocho meses, conocimos a un médico en Shri Lanka que, con medicina indígena, nos ayudó a que los ataques se acabaran. Sin embargo, Yarlini todavía necesitaba que le ayudáramos para todo lo que hacía. Ya de niña seguía siendo como un bebé, tanto física como mentalmente. La peor parte era que nunca quería dormir por las noches. Probamos toda clase de medicaciones para cambiarle las horas de sueño, pero nada funcionaba y, como no podía hablar, no sabíamos cómo se sentía o lo que quería. Así estuvimos durante casi doce años.

Mi gran bendición era tener una familia que me ayudaba a cuidar de Yarlini, en especial por las noches, ya que siempre quería que alguien estuviera con ella. Siempre rezábamos pidiendo la energía suplementaria que necesitábamos para seguir adelante.

Pensaba que Dios nos había confiado esa tarea, aunque no era fácil. Cuando me sentía frustrada me consolaba pensando que había nacido para cuidar de esa alma especial. Siempre que rezaba le decía a Dios:

—Yo solo soy su niñera, Tú eres su verdadera madre. Si Tú no te ocupas de tu hija, nadie lo hará. Lo único que te pido es que me des la fuerza necesaria para poder cuidarla.

Aunque tenía fe en Dios, nunca había creído en los gurus. Pensaba que no era necesario rezarle a una forma humana si me podía comunicar directamente con Dios y ofrecerle a Él todos mis problemas. Nunca pensé que pudiera tener una forma humana. Una noche de agosto de 1989 estaba, como de costumbre, cuidando de Yarlini. Se durmió sobre las tres y media de la madrugada y yo estaba muy cansada, así que me tumbé a su lado y me quedé dormida.

Me desperté sobre las cinco y media de la madrugada al oír que alguien abría la puerta del dormitorio. Cuando miré vi a una mujer con un sari blanco que le cruzaba por delante del pecho, cubriéndole el resto de la tela el brazo izquierdo. El sari estaba empapado y llevaba el pelo recogido en un moño en la coronilla. Tenía la piel oscura y era corpulenta. Se me acercó y me dijo:

—Ya me he bañado. Yo cuidaré de tu hija. Ya puedes ir a acostarte.

Me levanté en silencio y me dirigí a mi habitación. No tenía ni miedo ni curiosidad sobre quién era esa mujer; sin embargo, cuando estaba llegando a mi habitación, me di cuenta de que había dejado a mi hija con una desconocida. Me apresuré hacia su habitación con mi marido, pero la mujer ya no estaba. Yarlini dormía en una profunda paz. Yo estaba completamente segura de que no se había tratado de un sueño. Fue, como descubrí más adelante, una visión.

Inmediatamente llamé a uno de mis mejores amigos de Perth y, después, a mi madre, que estaba en Shri Lanka. Ambos se alegraron por mí. Sin embargo, aunque la visión había sido de lo más vívida, con el tiempo se fue desvaneciendo de mi memoria.

Dos años después de esa experiencia entré a formar parte de la Hindu Temple Association de Australia Occidental. En uno de nuestros encuentros conocí a un hombre que dijo que su guru había aceptado de buen grado la invitación a visitar la parte oeste de Australia. El hombre preguntó al resto de miembros del comité si le podían ayudar a preparar el programa de su guru y encontrar una casa cercana al templo hindú para que se hospedara allí con su grupo de acompañantes.

Aunque nunca había creído en los gurus, por alguna extraña razón pensé que podía echar una mano. Ofrecí mi casa diciendo que, si era lo suficientemente buena para la guru y sus acompañantes, estaría encantada de que hicieran uso de ella. Mi familia y yo buscaríamos una solución para ese período de tiempo. Cuando el hombre visitó nuestra casa, la intuición me dijo que la guru se alojaría en ella. Le dije que me sentía bendecida. Antes de marcharse me prestó una cinta de vídeo; así podría ver quién iba a hospedarse en mi casa.

Cuando vi el vídeo me quedé atónita al comprobar que la guru era la desconocida que había venido a mi casa dos años atrás. Me puse a llorar. Desde lo más profundo de mi corazón, le pedí:

—Nunca fui en tu búsqueda, y aun así, viniste a ayudarme. ¡Quiero verte! Oh, Amma, por favor no me decepciones, haz que sea posible. Haz que ocurra.

Mis plegarias fueron escuchadas.

Todavía quedaban unos meses para que Amma viniera a Australia. Mi marido y yo pensamos que no podíamos esperar tanto, así que en mayo de 1992 nos organizamos para visitarla en Ámritapuri.

Al aterrizar en Chennái, que estaba una distancia considerable de Ámritapuri, nos sorprendió descubrir que Amma estaba en ese momento en Chennái, dando darshan en el áshram que tenía en la ciudad. Como Yarlini venía con nosotros, me sentí profundamente agradecida de que Amma nos lo hubiera puesto fácil.

Era el darshan de Devi Bhava, durante el último programa de Amma en Chennái. Era medianoche cuando recibimos nuestro abrazo. Amma nos pidió un trozo de sándalo para bendecirlo y que así pudiéramos ponérselo en la frente a Yarlini cada noche cuando se acostara.

¿Dónde íbamos a encontrar sándalo en plena noche? Lo necesitábamos en ese momento, porque Amma iba a volver a Ámritapuri al día siguiente y nosotros nos íbamos de la India. Un hombre que estaba en la cola del darshan nos oyó y nos dijo que tenía sándalo en su casa y que se iba a por él. Nos dijo que hacía varios meses que tenía sándalo en un armario. Mientras se marchaba a por él, yo estaba atónita de ver cómo Amma nos había guardado el trozo de sándalo en el armario de otra persona durante todo ese tiempo. Lo bendijo y nos lo dio. También nos firmó el libro de *bhajans* (el libro de canciones devocionales) en malayálam: «Que la paz divina guíe a mis queridos hijos. ¡Besos llenos de amor de Amma!»

Desde aquel día, las horas de sueño de Yarlini cambiaron completamente. Gracias a Amma, ya puede dormir sola por la noche.

Creo que Amma es la Madre Divina. Me siento bendecida por haberla conocido. Que su presencia permanezca constantemente en el corazón de todos.

(Octubre de 1999)

«¡Mi Mamá!»

Esther Mueni Wambua, Kenia

He experimentado el poder infinito y el torrente de compasión de Amma.

En 2006, caí enferma y me tuvieron que ingresar en el hospital Pine Breeze de Nakuru. Estuve en coma una semana. Los médicos me hicieron muchas pruebas, pero no encontraron la causa del problema. Toda mi familia estaba muy preocupada; creían que tenía una maldición e iba a morir, así que perdieron toda esperanza de verme con vida.

Al séptimo día, a eso de las dos de la madrugada, sentí el poder sanador de una energía desconocida. Vi a alguien con un sari rojo delante de mí. No pude verle la cara con claridad, porque había mucha luz a su alrededor. Me incorporé; no sé cómo lo hice ni dónde estaba. El ser se acercó a mí y, entonces, pude ver que se trataba de una mujer. Le pregunté quién era y qué quería. Me dijo que era mi Mamá y que había venido para que yo me curase. Me abrazó y sentí que mi dicha interior crecía y crecía. Me puse a temblar y le dije:

—Si eres el Ser Supremo, me conoces bien. Sabes que ya no me quedan fuerzas. He perdido toda la confianza en mí misma.

—No te preocupes —me dijo—, yo te ayudaré. Te daré fuerza y apoyo.

Durante todo ese tiempo me sostuvo en sus amorosos brazos. Después, desapareció.

Cuando los médicos y mis familiares volvieron por la mañana, se sorprendieron al verme fuera de la cama. Nadie creyó lo que me había sucedido, aparte de mi madre y mi hermano.

Cinco años más tarde me contrataron en la granja Sher Káruturi. Nuestro jefe ofreció transporte gratis para todas las personas que quisieran ir a Nairobi a recibir el darshan de su Santidad Shri Mata Amritanándamayi Devi.

En cuanto llegué al templo me quedé atónita al ver a la misma mujer que se me había aparecido en la visión de cinco años antes. No tenía la menor duda de que se trataba de Ella, porque experimenté los mismos sentimientos que entonces. Me di cuenta de que el destino me había llevado hasta la granja Sher Káruturi para así poder encontrarme con mi amada Madre.

La cola era larga y, aunque cada vez estaba más cerca de la Madre, se me hacía tarde. El conductor nos había dicho que volviéramos al autobús a tiempo para llegar a trabajar. Me sentía decepcionada de tener que marcharme sin recibir el darshan. Intenté convencer al conductor, pero fue en vano.

Cuando oí que Amma iba a visitar la zona cercana a la granja quise ir a verla, pero no me dieron permiso. Entonces decidí ausentarme del trabajo, pero el portero no me dejó salir porque no tenía permiso. Tuve que volver al trabajo. Volví tan enfadada que no quise hablar con nadie.

La séptima noche después de ver a Amma volví a tener una visión de Ella y apunté algunas de las cosas que me dijo:

1. Nunca sabremos en qué punto estamos hasta que Amma nos lo muestre. Solo cuando Ella arroje luz sobre nuestros corazones y nos muestre cómo nos ve, sabremos quiénes somos realmente.

2. Si el rumbo de nuestra vida lo guía Amma, nos salvaremos; pero si seguimos nuestras propias tendencias, nuestra vida está condenada al naufragio.

3. No importa la cultura, posición social o reputación que tengamos. Si no afrontamos la gran tarea de nuestro estado espiritual con la mayor dedicación y seriedad posible, estaremos perdiendo el tiempo.

4. Sed sinceros con vosotros mismos, con vuestros hermanos y con Dios.

Desde entonces mi corazón ha estado en paz con todos. Y desde aquel día la voz de Su Santidad ha sido la música más dulce para mis oídos. No conozco mayor dicha que la de estar en comunión con Amma. En agosto, mi hermana me llamó a las dos de la madrugada para decirme que su bebé había dejado de respirar. No dejaba de llorar. Le dije que quería hablar con nuestra madre, que estaba con ella, pero ella también lloraba sin parar. Yo no sentía ninguna clase de miedo, pues sabía que Amma controlaba la situación. Recordé lo que me había dicho cinco años antes: «No te preocupes, yo te ayudaré. Te daré fuerza y apoyo». Tomé una foto de Amma y la abracé. No recuerdo cuánto tiempo estuve allí con la foto en los brazos. Un rato después sonó el teléfono. Era mi hermana diciendo que el bebé estaba bien. Le di las gracias a Amma por estar siempre con nosotros.

Amma es digna de nuestra fe y de que le entreguemos nuestro intelecto, nuestras dudas, nuestras emociones y nuestra voluntad. Lo único que quiero decirle a Amma es: «Me entrego a ti».

Mi profesor de yoga, Sunil Khallúngal, y mi jefe, Nagesh Káruturi, me han ayudado a darme cuenta de que lo que siento por Amma es verdadero y que no estoy loca, como piensan algunos de mis hermanos cristianos. Quiero ver a Amma cara a cara y abrirle mi corazón. Que la gloria de Amma se revele a todo el universo. Que yo sea capaz de descubrir su presencia divina en mí. Deseo ser su hija, su sirviente, su devota dedicada, su discípula y la sombra que nunca se separa de Ella.

(Marzo de 2011)

22

«Ella nos escucha a todos»

I. C. Dave, India

Un día, mientras estaba trabajando en el laboratorio, recibí una llamada de mi amigo el doctor P.K. Bhattacharya, responsable del Departamento de Radiación del Bhabha Atomic Research Centre, de Bombay. Me dijo que acababa de volver de Rusia y quería contarme algo que me interesaría muchísimo. Cuando fui a verlo me dijo:

—He tenido la oportunidad de trabajar con científicos del Atomic Research Centre de Siberia (Rusia) y la experiencia ha sido buena. Pero lo que estoy deseando contarte es la inusual experiencia que me contó uno de los científicos con los que estaba. Por eso es por lo que te he llamado.

Al llegar al aeropuerto de Irkutsk vino a recibirme el doctor Mikhailóvich. Cuando se me acercó, me quedé de piedra al ver que llevaba fotos de Amma en ambos bolsillos del abrigo. ¿Quién no se sorprendería al ver las fotos de Amma en los bolsillos de un científico atómico de Siberia? Inmediatamente le pregunté:

—¿Son fotos de Amma?

Me respondió que sí.

Cuando hubimos pasado el control de aduanas y subido al coche, le pregunté:

—¿Cuándo conociste a Amma?

Sorprendentemente, dijo que nunca la había visto en persona. Le pregunté muchísimas cosas y me contó lo siguiente:

—Llevo diez años investigando los átomos. Hace unos años me casé con la hija de uno de mis profesores de la Universidad. Tenemos una niña preciosa que ahora tiene tres años. Mi mujer y yo no teníamos la misma opinión sobre diversos asuntos y esas diferencias aumentaron después del nacimiento de nuestra hija. Una de las razones por las que discutíamos era porque ella se consideraba superior a mí por ser hija de quien lo era. Era algo que siempre tenía presente. Al final me dejó y volvió a casa de su padre llevándose con ella a nuestra hija. Pasados dos años y medio yo aún no estaba preparado para el divorcio, porque amaba profundamente a mi mujer y a mi hija. Yo era comunista y no tenía fe en Dios.

»Un día encontré un artículo en una revista rusa sobre una santa de la India, Shri Mata Amritanándamayi Devi. Con solo unas frases, el artículo me causó un gran impacto y cambió completamente mi vida. El párrafo decía algo así: "Hay algo especial en esta santa a la que se conoce en todo el mundo como 'Amma'. Todos pueden hablar con Ella directamente. Escucha a todos con atención, esté la persona delante o a miles de kilómetros, la haya conocido antes o no".

»Me quedé sorprendido. Normalmente me hubiera reído de esa clase de comentarios, pero en ese momento me sentía deprimido y sin ninguna esperanza. Esas frases me dieron esperanza y puse toda mi fe en ellas. Así que empecé a hablar con Amma. Hablaba con Ella todos los días. Le contaba las penas de mi corazón, con los ojos llenos de lágrimas, como si estuviera sentada delante de mí. Poco a poco, fui sintiendo su presencia y sentía que me estaba escuchando. Algunas veces lloraba a gritos y mis oraciones cada vez eran más fervientes.

»Unos quince días más tarde mi conversación interior con Amma dio fruto. Mi mujer me llamó y me confesó que su vida era un desastre por culpa de su ego. Se había dado cuenta de su error y quería volver conmigo.

»Sentí una felicidad infinita. Volvimos a estar juntos y ahora mi vida está llena de dicha y de paz.

»Después de esa experiencia me brotó un intenso deseo de conocer a Amma, pero no sabía cómo podía hacerlo. Hice unas preguntas a la revista rusa y me dieron la dirección del Shri Mata

Amritanandamayi Seva Samiti de Moscú. Me puse en contacto con la organización, que me envió mucha información sobre Amma así como fotos.

»Amma me reunió con mi esposa y mi hija. Siempre llevo una foto de Ella cerca del corazón, no solo de día sino también de noche. Me acuesto con una foto de Amma cerca del corazón. Cuando oí la historia me quedé sin palabras. Comprendí que Amma es omnipresente. Habita en los corazones de todos los seres. Así es como puede escuchar las plegarias de todas las personas de este mundo. No hace distinciones de religión, casta, idioma, país o distancia. El mero hecho de que ese acontecimiento, que tuvo lugar en la lejana Rusia, llegara hasta mí sin la ayuda de ningún medio de comunicación sino por una persona de plena confianza como es el doctor Bhattacharya es un ejemplo del inmenso poder de Amma.

Algún tiempo después, durante uno de los programas de Amma en Delhi, tuve la oportunidad de dar una charla de presentación de Amma, así que narré la experiencia del doctor Mikhailóvich.

Al día siguiente el programa de Amma tendría lugar en el Shankar Math. Allí, mientras Amma daba darshan a los devotos, un caballero se me acercó y empezó a contarme muy emocionado lo siguiente:

—Ayer escuché su charla sobre la experiencia del científico ruso ¡y hoy mismo yo he tenido otra experiencia!

—¿Le importaría contarme esa experiencia? —le pedí, con mucha curiosidad.

—Hoy, cuando Amma me abrazaba, me eché a llorar sin parar —dijo—. Amma me preguntó por qué lloraba, pero no podía decir nada. Tenía un nudo en la garganta por la emoción. Derramaba lágrimas de dicha incesantemente. Los dos últimos años he estado sumido en una profunda depresión, hablando en términos psicológicos. Cualquier persona con esa enfermedad pierde

25

todo el interés por la vida y, sin deseo de vivir, tan solo piensa en acabar con su vida. Ayer, después de oír la experiencia del doctor Mikhailóvich, yo también empecé a hablar interiormente con Amma. Y en un solo día ya había recibido mi primera bendición: ¡verla al día siguiente! En el momento en que me abrazó, me curé completamente de mi enfermedad.

Le corrían lágrimas de gratitud por las mejillas. Sin embargo, yo le mostré mi escepticismo:

—Caballero, usted está diciendo que el abrazo de Amma le ha curado de la grave depresión que sufría. ¿No puede creer que se trate de su imaginación? Tan solo un psiquiatra lo podría confirmar.

Su respuesta me dejó sin palabras:

—Puedo asegurarle que estoy completamente curado, porque yo mismo soy psiquiatra. He ejercido durante quince años en Estados Unidos. Los últimos años lo he hecho en Delhi.

—¿Me permitiría contar su experiencia en los programas de Amma? —le pregunté educadamente.

—¿Por qué no? —me respondió— También puede decir mi nombre: Vimal Kshetrapal, doctor en medicina y psiquiatra.

Y con la voz llena de devoción dijo:

—Amma es la psiquiatra de los psiquiatras.

(Diciembre de 2012)

«Eres mía!»

Lakshmi, India

Una joven madre estaba pidiendo en la esquina de una calle abarrotada. Tenía a sus cuatro hijos con ella quejándose sin parar, incapaces de aguantar las punzadas del hambre. Yo era la hermana mayor. Me llamo Lakshmi. ¿Quién me puso ese nombre? ¿Mi padre, Móhanan, o mi madre, Lina? Por entonces yo tenía siete años y dos hermanos más pequeños, Vijayan y Kumaran; y la hermana más pequeña, que siempre estaba en los brazos de mi madre, se llamaba Gírija.

Todo el dinero que mi madre obtenía mendigando, mi padre se lo gastaba inmediatamente en alcohol. Y lo único que nosotros recibíamos de él eran palizas.

Una noche mi madre y yo estábamos pidiendo en una esquina bulliciosa de la ciudad cuando alguien le echó agua hirviendo. La vi retorcerse de dolor y caer desmayada.

Otra vez, impulsada por el hambre y la sed, me asomé a un pozo y me caí dentro. Recuerdo las caras de las personas que me sacaron y me rodearon para consolarme. (En ese momento deseé que no me hubieran salvado)

Aunque intento olvidar todas esas experiencias dolorosas, los recuerdos brotan espontáneamente. Cuando trato de plasmarlas en papel nunca sé por dónde o cómo empezar. No sé ni cuándo ni dónde nací. Pero, ¿puede un mendigo recordar esos detalles?

Mis primeros recuerdos son de una choza en un descampado. Mi padre, que ya había perdido completamente el juicio por culpa del alcohol, se pasaba los días pegando a mi madre sin piedad. Un día se fue, llevándose a mis dos hermanos menores con él. Gírija y yo nos quedamos con mi madre. ¿Se repartieron así sus únicas pertenencias, sus hijos? No lo sé. De lo único que estoy segura es que la última vez que mi madre nos llevó a la calle fue para lo que debía ser una cita con la muerte. Llegamos a una playa desierta. La arena nos quemaba los pies. Yo seguía a mi madre de cerca cuando empezó a meterse en el agua. Cuando el agua le llegaba por la rodilla, se detuvo un momento. Una ola vino rugiendo hacía nosotras. Ella levantó a Gírija, a la que llevaba sentada sobre su cadera, y la lanzó lejos hacia las azules aguas. Yo estaba allí de pie, boquiabierta, sin saber qué hacer. Mi madre me agarró del brazo y me sacó con fuerza del mar, sin volverse ni una sola vez.

Yo seguía mirando hacia atrás, pero nos alejábamos cada vez más de la playa. Le pedía a Dios que enviase un pájaro blanco como la nieve que rescatara a mi hermana y la llevara a un lugar seguro.

Mi desventurada madre se dirigió después a las vías del tren, llevándome a rastras. Como no podía seguirla, me quedé atrás. De repente, su imagen quedó borrada por un tren que pasó con un rugido ensordecedor. Esa fue la última vez que la vi.

Probablemente, lo que la policía dijo sobre el suceso sería: «Mendiga muere arrollada por un tren».

Un hombre, entre las muchas personas que se acercaron a ver la espantosa escena en las vías del tren, me tomó del brazo y me alejó de aquel lugar. Lo que él quería era una sirvienta. Cuando él y su familia se dieron cuenta de que yo no servía para el trabajo físico, me llevaron a Amritaniketan, el orfanato de Amma en Parippally, en el distrito de Kóllam. Me dejaron allí y me dijeron que volverían unos días más tarde, pero nunca los volví a ver.

Llegué al orfanato unos días antes de Ónam, la fiesta de la cosecha de Kérala. El amor y la atención que recibí allí eran nuevos para mí. En los días siguientes, algunos niños se fueron con familiares a sus casas para la fiesta de Ónam; pero nadie vino a por mí. Nos quedamos solo unos pocos en el orfanato.

Le pregunté a una de las niñas:

—¿Va a venir alguien a por ti?

—No —respondió.

—¿Y no estás triste? —le pregunté.

Con una sonrisa, la niña me dio la mano y dijo:

—¿Por qué voy a estar triste? Nos vamos al áshram a ver a Amma. Nos darán comida hecha especialmente para la celebración de Ónam. Nos dejará que nos subamos a los columpios y Ella misma nos ayudará a columpiarnos. Cantará y bailará con nosotros y nos colmará de besos y de abrazos.

Mientras describía todo lo que Amma iba a hacer, su cara irradiaba felicidad.

Por entonces yo no sabía casi nada de Amma aparte de las fotos suyas que había en las oficinas y las aulas de Amritaniketan. La mayor parte de los residentes rezaban delante de ella juntando las palmas. ¿Me daría Amma, a la que mi amiga amaba fervientemente, tanto amor como a ella?

Llegamos a Ámritapuri unos días antes de Ónam. Entramos en el pabellón principal y nos unimos a la larga cola para recibir el darshan. A medida que nos acercábamos a Amma, mi mente empezó a hacerse más y más preguntas. ¿Cómo me recibiría Amma? ¿Me rechazaría Ella también, como la vida había hecho hasta entonces? Si Amma también me abandona, ¿dónde iré?

Cuando llegué a su regazo, Amma me susurró cariñosamente:

—Perla mía, querida hija mía, no te preocupes. Amma está contigo.

Nunca en la vida había oído una voz tan llena de amor como la de Amma. Me puse a llorar. Quería gritar: «¡Ya no soy huérfana! ¡Ya no soy una mendiga!»

Siempre me había atormentado la idea de que, al ser la hija de una mendiga, mi destino era pasarme la vida en las calles, sin derecho a un destino mejor. Las palabras que Amma me susurró al oído me dieron esperanza, confianza y una dicha indescriptible.

Cuando tenía hambre comía lo que sacaba de los cubos de basura. Ahora Amma me daba de comer buena comida en un plato limpio. Solía vestir ropa sucia y usada. Amma me dio ropa hermosa y de colores. También me enseñó las primeras letras del alfabeto malayálam. Los que fueron al darshan ese día seguro que lo recuerdan. Ella me dijo que me quedara cerca de ella. Entre dos darshan, tomó mi dedo y escribió la primera letra, «A», en malayálam en una pizarra mientras la repetía en voz alta. Después me devolvía la pizarra y seguía dando darshan. Cuando yo había escrito muchas veces la letra en la pizarra, ella interrumpía el darshan, volvía a tomar la pizarra y escribía la siguiente letra, «AA». Entonces me volvía a dar la pizarra y proseguía el darshan. Me siento enormemente bendecida de que la Madre Divina, la misma Diosa del Conocimiento, venerada por millones de personas, me iniciara en los estudios. Puedo decir con toda sinceridad que he derramado más lágrimas pensando en la compasión y el amor de la Madre Divina que de pena y sufrimiento por mi vida anterior.

Los recuerdos de las grandes olas rompiendo contra la playa, el rugido del imparable tren cruzando delante de mí y las siluetas de mis jóvenes hermanos saliendo de casa, de la mano de mi padre, a veces me hacen sentir un dolor insoportable en el corazón. En esos momentos Amma alivia mi dolor con sus palabras de consuelo.

¿Te gustaría que una niña de siete años despeinada y con la ropa sucia te tocase el brazo en un autobús, en un tren o en una calle llena de gente y te llamase «madre»? No, a ninguna mujer a la que toqué y llamé «madre» le gustó. En sus ojos tan solo había rechazo o asco. ¡Cuántas veces deseé que alguien me sonriera y me acariciara la cabeza!

Amma cambió mi destino. ¡Han sido tantas las veces que me ha acercado a su regazo y me ha susurrado al oído:«Querida hija, tú eres mía»!

¡Cuántas veces me ha enjugado Amma las lágrimas con su propio sari!

He encontrado a mi verdadera Madre. Ella también debe ser la tuya.

(Agosto de 2001)

«¡Mi querido hijo!»

Animon, India

Hace muchos años, cuando llegué a las instalaciones de lo que ahora se llama Amritaniketan, el orfanato aún no estaba bajo la dirección del Mata Amritanándamayi Math. Entré en el edificio de la mano de mi madre. Me sentía completamente desorientado y me puse a llorar, pero mi madre no me hizo ningún caso. Me soltó la mano a la fuerza y se marchó. Una profesora me tomó de la mano con brusquedad y me arrastró hasta una clase. Me miró con desprecio y en su cara se podía leer: «Ha llegado otro granuja». Ahí es donde empiezan mis recuerdos.

Levanté la cabeza y miré a la clase. Había una pizarra apoyada sobre un caballete, tan vieja que ya no se podía leer nada que se escribiera en ella. Había algunas letras aburridas y sin vida. Miré a los niños, que me observaban con asombro, con los ojos hundidos y el pelo sin brillo. La ropa que llevaban parecía no haber sido lavada nunca. Algunos estaban cubiertos de llagas y picores. Miré a la profesora. En sus ojos no había ni luz, ni amor, ni una sonrisa en sus labios. Llevaba la cara cubierta de talco y un *bindi* pegado en la frente. Me llegaba el olor de su perfume. Me daba demasiado miedo como para acercarme a ella. Si solo hubiera sonreído, si solo me hubiera llamado «hijo»... Si hubiera... Estaba hambriento de amor y de cariño.

Nunca podré olvidar al médico y la enfermera del hospital público cercano y sus visitas periódicas para hacernos pruebas. La cara de ese médico daba mucho miedo. ¡Nos daba más miedo él que ninguna enfermedad! Antes siquiera de que le pudiéramos decir qué nos sucedía, él ya había escrito la prescripción médica, la había arrancado del cuaderno y la teníamos en las manos, y gritaba en un idioma que no entendíamos:

—¡El siguiente!

Aquel lugar estaba infestado de adultos problemáticos. Algunos de ellos se dedicaban a hacer apuestas y otros a beber. No podíamos evitar estar asustados. Mientras, los responsables se hacían los dormidos. Éramos una carga que ellos no querían llevar. Fue entonces cuando oímos que «Amma» iba a encargarse del orfanato. A mediados de 1989, el M.A. Math se convirtió en el responsable oficial del orfanato. Muy pronto llegaron unas personas a cuidar de nosotros y nos dieron ropa y comida en condiciones. Los brahmacharis (discípulos varones) del áshram eran ángeles. Nos dieron jabón perfumado, comida riquísima y ropa limpia. Empezamos a olvidar que éramos huérfanos.

En poco tiempo el progreso en el orfanato fue evidente. Se construyeron nuevos edificios y había mucha gente trabajando duro bajo las instrucciones de Amma. Tanto en 1989 como en 1990 obtuvimos el primer puesto en el concurso de *panchavádyam*[2] de nivel estatal, en la semana cultural de los colegios públicos. En 1991 y 1992 los estudiantes de Amritaniketan quedamos en segundo lugar. Tuve la grandísima suerte de dirigir el equipo. Actualmente, la Amrita Sanskrit Higher Secundary School y el adyacente Amritaniketan son dos instituciones importantes en el campo educativo.

Nosotros los huérfanos, olvidados e ignorados por el mundo, ganamos una Madre que es un mar de amor y compasión. La mayoría pensábamos que no había nada para nosotros fuera de las paredes de ese orfanato y que solo recibiríamos malos tratos en el inmenso mundo exterior. Amma entró en nuestro triste mundo y nos refugió en su regazo. Todas mis penas desaparecieron en su abrazo amoroso. Ella puso su mano izquierda sobre mi hombro y con la mano derecha me secó las lágrimas. Una y otra vez, me consoló: «Querido hijo mío, no estés triste, Amma está aquí para

---

[2] Conjunto de música tradicional formado por cinco instrumentos que actúa en templos y festividades en Kérala.

ti. Amma está contigo, querido hijo mío...» Las lágrimas de dolor se convirtieron en lágrimas de inmensa gratitud hacia Amma. Nuestras vidas empezaron de nuevo, con renovada esperanza, fe y optimismo. Amma es la personificación de la energía maternal universal y está siempre atenta a nuestras necesidades. Cuando pienso en ello siempre me parece que, aunque estaba maldecido, era huérfano y miserable, cargando el pesado *prarabdha* (las consecuencias de nuestras acciones de vidas anteriores) de mi pasado lleno de pecados, Amma me ha elevado por encima de todo eso. Ella nos recogió, a la escoria de la sociedad que vivía en las abismales cunetas de un mundo indiferente y cuyo destino era alimentarse de basura. Nos acogió con ternura, nos abrazó y nos dio esperanza y fuerza para la vida.

Cuando terminé los estudios, se me volvió a plantear un dilema: ¿Y ahora qué?, me pregunté con un estremecimiento. Amma me bendijo ofreciéndome un puesto de trabajo en el orfanato. Unos meses más tarde fui al áshram a recibir su darshan y Amma quiso que me sentara cerca de ella. Al rato me miró y me preguntó:

—Hijo, ¿qué haces con el dinero que ganas? ¿En qué te lo gastas?

Me quedé sin palabras y me puse a llorar. Mirándome fijamente, me dijo:

—¿Vas a volver a juntarte con tus viejos amigos y a despilfarrar el dinero en vicios?

Sus palabras iban llenas de la esencia del amor materno, ese que se preocupa por el futuro de su hijo y que le desea un futuro brillante. Luego añadió:

—Hijo, abre una cuenta en el banco, ahorra la mitad de cada salario y el resto envíaselo a tu familia.

He seguido las instrucciones de Amma hasta la fecha. Una vez al año visito a mis familiares y veo a los viejos amigos. Sus miserables vidas están dominadas por la adicción a las drogas y al alcohol. Tienen el cuerpo demacrado, los ojos rojos y de tres a cuatro hijos a su cargo. Van tambaleándose de un infierno a otro sin descanso. No consigo quedarme ni un día entero con ellos.

Hace unos meses, cuando fui a recibir el *prasad* (ofrenda sagrada) de Amma, me dijo en voz alta en tono de broma:

—¿No va siendo hora de casarse?

Me pilló completamente desprevenido y me dio mucha vergüenza. Junté las manos y le di la respuesta habitual a esa clase de preguntas:

—Por favor, ¡que no me echen el lazo al cuello! Prefiero quedarme como estoy.

Amma se rió a carcajadas.

Mi único deseo es servir en cualquier institución de Amma haciendo el trabajo que haga falta. Conozco bien la agonía de la pobreza y los terribles calambres del hambre en el estómago. La gracia de Amma me ha salvado de esas dificultades, aunque puedo comprender y sentir el dolor de aquellos que las sufren. En este orfanato viven muchas personas que han sufrido mucho dolor y están muy traumatizadas. Amma las ha salvado de un sufrimiento y una pobreza indecibles. Mi humilde deseo es servir a esas personas de cualquier manera. ¿Qué puede proporcionarme más dicha que ofrecer a los sagrados pies de Amma la vida con la que ella me bendijo?

(Abril de 2003)

«¡Ese niño se parece a mi hijo!»

Cecile Villacampa Toubal, España

Durante el programa de Amma de Penang de 2012, me inscribí para recibir en mi casa de Shanghái la revista oficial del áshram, *Matruvani*. Para quedarme tranquila les pregunté dos veces si recibiría la revista en China, a lo que me respondieron que por supuesto.

Y así fue. Me puse muy contenta al recibir mi primer número de *Matruvani* en Shanghái. Cuando vi la portada de la revista, que tenía la foto de un niño con una rosa amarilla, pensé: «¡Ese niño se parece a mi hijo cuando era un bebé!» Miré más detenidamente y, en efecto, ¡era mi hijo! En esos momentos recordé la ocasión. Esa foto era de 2006 en Barcelona, cuando le compré esa rosa amarilla a Amma.

Me quedé maravillada. Era la primera vez en mi vida que recibía *Matruvani* y, además, en China, y el número tenía en la portada una foto de mi hijo tomada en el programa de España. ¡Menudo regalo me había hecho Amma! Sentí que me estaba confirmando que siempre está conmigo y que no me encuentro sola.

~

Llevo viviendo en Shanghái desde 2010. Al principio, fue bastante difícil. La gente de aquí es agradable y me gusta mucho, pero el estilo de vida es muy diferente al europeo y, en muchas ocasiones, me sentía desconcertada.

Me había traído conmigo todos los libros, CDs y fotos de Amma. Busqué en internet un sátsang de Amma que estuviera cerca, pero no encontré ninguno.

En febrero de 2011 el hermano de mi marido falleció repentinamente. Mi marido, mi hijo y yo nos pusimos muy tristes y esa pena hizo que necesitara a Amma más que nunca. Una noche, mientras le rezaba, me eché a llorar y le dije:

—Amma, sé que estás conmigo, pero me gustaría conocer a gente que te conozca en Shanghái. ¡Me encuentro muy sola!

Sentía el deseo de compartir mi amor a Amma con otros devotos. Envié algunos correos electrónicos a devotos que conocía por si sabían de otros devotos que residieran en Shanghái, pero no funcionó. Me entristecí aún más y me lamenté de no haber aprendido la técnica de meditación IAM (Meditación Integrada Amrita) cuando estaba en Europa, y ahora ya era demasiado tarde.

Tres días más tarde recibí un correo de una brahmachárini que me informaba de que un swami del áshram de Amma iba a venir a Shanghái a hacer un curso de meditación IAM cuatro días después. ¡Amma me había escuchado!

En el curso conocí a Lyli, una devota china de Shanghái. Organizamos nuestro primer sátsang en mi casa y el swami hizo una puja (ritual de adoración). Solo diez días antes ni hubiera imaginado que un swami del áshram vendría a enseñarme la técnica IAM, haría una puja en mi casa y cantaría bhajans con el piano de mi hijo.

Desde entonces los devotos nos hemos reunido todas las semanas para rezar juntos, y así empezamos a formar una familia de Amma en Shanghái.

~

La gente a veces me pregunta: «¿Cómo conociste a Amma?» Mi respuesta es: «Conocí a Amma en un sueño».

Mi padre murió en 1991, cuando yo tenía diecisiete años. Lo quería mucho. Era un hombre generoso, divertido y que siempre estaba feliz. Durante los seis años después de su muerte, trabajé para una agencia inmobiliaria y me evadí del resto del mundo. Sin amigos ni familiares, decidí que ya no quería seguir viviendo. Sabía que había algo después de la muerte, pero no sabía qué. Lo único que quería era ir con mi padre.

Fue entonces cuando tuve este «sueño». En el «sueño» pude abrazar a mi padre, que me dijo:

—No quiero que sigas así de triste, hija. Te voy a enseñar dónde estoy.

Y me llevó a un mundo lleno de amor y felicidad. No tengo palabras para describir lo feliz que me sentía allí. Nunca me había sentido tan bien. Estaba colmada de felicidad por poder volver a abrazar a mi padre. Llegaron muchas personas de blanco, pero no porque llevaran ropa blanca sino porque estaban vestidos de luz blanca. No entendía lo que decían, pero lo único que podía sentir era amor.

Entonces vino una mujer con el cabello negro y la tez morena, y me dijo:

—Soy Amma y voy a enseñarte una cosa.

Me llevó a un templo. Era una habitación cuadrada sin paredes, solo con columnas. En medio del cuadrado había una pirámide de luz. Entonces, me dijo:

—Esta es la verdad. ¡Nunca lo olvides!

Y me sentí muy feliz.

Después de eso mi padre me pidió que volviera a mi mundo, pero yo no quería. Le dije:

—¿Cómo puedes pedirme que vuelva? Me quiero quedar en este mundo lleno de amor.

—No puedes quedarte —me respondió.

Y me tuve que marchar.

Cuando me desperté me sentía llena de dicha. Todo parecía muy claro. Estaba frente al mar y dije: «Gracias». Miré a la gente que había a mí alrededor y tenía la sensación de que todos éramos Uno. Fue una experiencia maravillosa.

Antes de ese «sueño» creía en Dios, pero no practicaba ninguna religión. Nunca había leído nada sobre el hinduismo o el budismo. No sabía nada de religión. Durante los siete años en los que me sentí triste, recordaba el «sueño» y pensaba: «No puedo estar triste. Hay un mundo lleno de amor».

En 2004 estaba viviendo en Barcelona con mi hijo, que entonces tenía dos meses. Estábamos de paseo por el parque de la Ciutadella y encontré un folleto con la foto de Amma. Tomé el folleto y pensé: «Esta mujer se parece a la mujer de mi sueño. Y se llama igual. ¿Cómo puede ser?» Leí las frases sobre la paz y el amor, y me di cuenta de que el mensaje venía desde ese otro mundo donde estaba mi padre. Miré la publicidad. No podía creer que la mujer de mi sueño existiera en mi mundo. En ese folleto se anunciaba el programa de Amma para el mes siguiente.

Pero ese año no pude ir al programa porque tuve que llevar a mi hijo al médico a Francia. Aun así, guardé la publicidad. Un año más tarde acudí al programa con mi hijo, que ya tenía un año. Cuando La vi La reconocí de inmediato. También reconocí la energía o el amor que La rodeaba, que era el mismo que el del otro mundo. Cuando Amma dice que Ella está en todos los mundos al mismo tiempo, sé que es verdad.

Amma está con nosotros en cada momento de nuestras vidas. Está con todos aquellos a los que amamos en este mundo y en todos los demás mundos. Y la verdad es que la muerte no existe, tan solo existe el Amor.

(Enero de 2013)

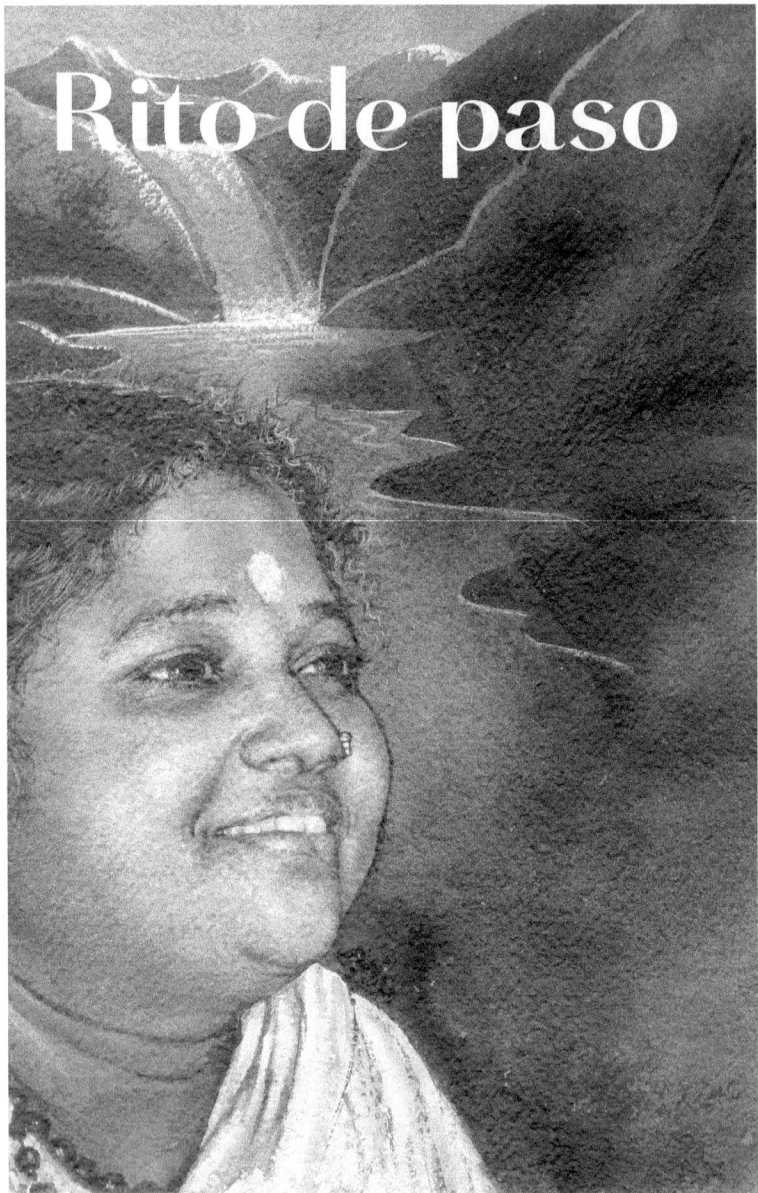

Rito de paso

Madre de la libertad

Áswathi, Estados Unidos

La vida nos enseña muchas lecciones y esta vida me ha ofrecido muchos aprendizajes. En primer lugar: el Señor es mi único sostén y mi mejor amigo. Solo Dios conoce nuestros pensamientos, necesidades y deseos más íntimos, y solo Él puede llevar la carga de nuestras penas y sufrimientos. En segundo lugar: traemos con nosotros el equipaje de otras vidas y debemos intentar que ese equipaje no se vuelva aún más pesado. En tercer lugar: con verdadera fe en Dios, todo es posible.

Amma me está ayudando a superar muchas dificultades, tanto físicas como mentales, mediante las cuales estoy aprendiendo esas lecciones.

Nací en Chicago (Illinois) en 1974. Según mis padres, era una niña a la que le gustaba jugar y no mostraba signos de ninguna enfermedad grave, a excepción de una alergia de la piel que se llama eccema. De los dos a los seis años viví en San Antonio (Texas). Durante ese período padecí graves ataques de asma y eccema.

En 1983, durante un viaje a la India, tuve un problema respiratorio grave por un tratamiento ayurvédico[3] que había recibido para curar el problema de la piel. Me llevaron inmediatamente al hospital y me recuperé al día siguiente. Ese cara a cara con la muerte me hizo empezar a entender la fragilidad de la vida.

Al volver de la India mi familia se trasladó a Nuevo México. De 1984 a 1985 mis ataques de asma y eccema desaparecieron completamente. «¡Libre por fin!», pensé; pero Dios tenía otros planes para mí...

---

[3] Sistema médico indio cuyo origen se remonta a la antigüedad.

41

En 1985, durante el fin de semana en que se celebraba el Memorial Day, volvimos a San Antonio para visitar a nuestros amigos. Tuve otra grave reacción a algo que comí. Entré en parada cardiorrespiratoria. En la casa en la que estábamos había médicos y enfermeras, pero no pudieron reanimarme. Más tarde descubrimos que incluso había un potente antídoto en la casa, pero en aquel momento nadie se acordó. Se quedaron todos paralizados de miedo al ver a una niña de diez años que se les escapaba de este mundo. Tan solo mi madre, cuya fe en Dios siempre la había guiado, supo actuar. Me llevó al hospital más cercano. En esa ocasión me tomé una excedencia de este mundo durante ochenta y siete días. Los médicos perdieron toda esperanza. Dijeron que estaba clínicamente muerta y le propusieron a mi madre que me internara en un centro para personas en estado vegetativo. Como mi familia no quería abandonarme, me llevaron a casa.

Al verme completamente indefensa e incapaz de comunicarme, mi familia se angustió mucho. Aun así, no perdieron la esperanza. Rezaban para que Dios me llevara con Él o me devolviera a la vida. Mi madre no se separaba ni un momento de mi lado, rezando por mí.

Cuando me paro a pensar en aquellos acontecimientos veo muchas enseñanzas de Amma puestas en práctica. No podemos sustraernos a la voluntad de Dios. Al mismo tiempo, nuestra fe es esencial a la hora de determinar el modo en que respondemos a nuestro destino. ¿Lo aceptamos estoicamente o intentamos buscar una salida? Mis familiares se dieron cuenta de que mi situación no estaba en sus manos. La aceptación nos ayudó a todos a cultivar una profunda cercanía espiritual y nos fortaleció para las dificultades que estaban por venir.

Mi abuela, que no sabía ni leer ni escribir en inglés y que nunca había subido a un avión, viajó sola desde Kérala a Alburquerque porque quería apoyarnos y ayudarnos todo lo posible.

Tuvo tan claro que debía venir a ayudar, que se negó a esperar a que alguien la acompañara a Estados Unidos. En su viaje llevaba un cartel que decía: «Voy a América, por favor ayúdenme». Se rindió completamente a la situación y demostró la fuerza de ánimo que surge cuando nos proponemos hacer lo que debemos en una situación difícil.

Mientras tanto, le llegaron a Dios infinidad de llamadas. Cientos de amigos y familiares rezaron por mí e hicieron ofrendas a Dios. Y Él decidió devolverme a la vida el 20 de agosto, mientras mi hermana me hacía cosquillas en los pies. Me «desperté» del coma riéndome. Después de recuperar la conciencia no podía dejar de llorar porque no entendía lo que le pasaba a mi cuerpo. Ya no podía controlarlo. No podía levantarme de la cama y casi no veía. Fue entonces cuando empecé a experimentar personalmente de verdad la fragilidad de la existencia material. Los médicos definieron mi estado como: «Encefalopatía anóxica con daño cerebral». Yo lo llamo: «El camino interior de Amma, el viaje espiritual».

La primera vez que oímos hablar de Amma fue en mayo de 1987. Una de mis tías nos escribió hablando de una santa nacida en Kérala que predicaba y practicaba el amor incondicional. Por suerte, recibimos la carta antes de que Amma llegara a Estados Unidos en su primera Gira Mundial. Nos enteramos de que, después de California, Amma vendría a Santa Fe, en Nuevo México. Solo hay un aeropuerto en el estado de Nuevo México al que Ella podía llegar, y es el de Alburquerque, a solo quince minutos de nuestra casa. Así que ni siquiera teníamos que acudir a Ella, Ella venía a nosotros, a los desiertos de Nuevo México. La llegada de Amma trajo una lluvia torrencial de amor a nuestros sedientos corazones. Sinceramente, creo que la intensa veneración de los nativos americanos por la Madre Tierra en esas regiones tan espirituales atrajo a la Madre hacia sus hijos.

43

Mi familia y yo estábamos con algunos devotos que esperaban a la «santa» de la India. Yo iba en silla de ruedas y todavía era incapaz de ver de lejos. Cuando Amma bajó del avión se dirigió a todos nosotros con los brazos abiertos, nos abrazó y nos besó a todos y nos preguntó cómo sabíamos que iba a venir. Parecía que supiera todo sobre nuestras vidas y que nos conociera desde hacía tiempo, y a nosotros nos pareció de lo más normal. Era como si estuviera visitando a su propia familia. En el aeropuerto, éramos los únicos procedentes de Kérala. Yo tenía una rosa en la mano para Ella; la tomó, nos abrazó a todos y charló con nosotros un buen rato. Era como si no le extrañara mi «estado especial». Nos habló en malayálam y nos pidió que fuéramos con Ella a Santa Fe, donde se alojaría. Una vez allí, Amma estuvo hablando con nosotros durante mucho tiempo y me frotó con *vibhuti* (ceniza sagrada) por todo el cuerpo. Yo entendía lo que Amma nos decía, pero mi malayálam no era fluido. Después nos pidió a mi hermano Ashok, a mi hermana Asha y a mí que no dejáramos de usar nuestra lengua materna. Fuimos a la sesión de bhajans de la noche y, después, ya estábamos enganchados. La transformación que experimentamos todos fue tal que nunca seré capaz de explicarlo con palabras. Lo único que puedo decir es que, desde entonces, nos resulta imposible concebir la vida sin Amma.

Le preguntamos a Amma si podría bendecir nuestra casa con su presencia. Vino al tercer día, y ni siquiera se nos ocurrió realizar un ritual adecuado adorando sus pies. Pero sí que la acogimos con los brazos abiertos y con lágrimas en los ojos. Ella se rió y bromeó, y después celebramos una pequeña puja y una sesión de bhajans en nuestro salón. Todo el mundo que estaba allí tuvo la ocasión de recibir personalmente el darshan de Amma. Los swamis (entonces jóvenes brahmacharis) nos contaron historias sobre Amma. Recuerdo que los veía muy felices, como si fueran niños. Lo más importante fue que la dulce sonrisa y el fuerte abrazo de Amma aliviaron enormemente nuestro dolor. Esa ha sido mi perspectiva desde entonces, intentar vivir lo más feliz posible. En 1989 nos trasladamos a Indiana y empezamos a ver a Amma en Chicago. Desde el principio de sus giras de Estados Unidos había dado los dulces Hershey's kisses como prasad, porque una devota se los llevó de regalo y Ella los repartió entre todos los asistentes. En 1992, en Santa Fe, durante el Devi Bhava, la omnisciente Amma me dio un Hershey's kisses con nueces. Mi familia y yo habíamos creído hasta ese momento que yo tenía alergia a todos los frutos secos y por eso había entrado en coma aquella vez. Pero, al tratarse de prasad, me lo metí en la boca sin pensármelo. Mi prasad tenía nueces, pero el de mi madre no. Cuando mi madre se volvió para preguntarme algo y percibió el olor a nuez, se puso muy nerviosa, pero no pasó nada. Agradecimos enormemente la protección de Amma.

Mi hermana, desde muy pequeña, había tenido la intención de volver a la India para dedicarse al servicio desinteresado y Amma la apoyó y la guió. Mi hermano cambió completamente de vida al conocer a Amma. Poco a poco, toda la familia empezó a querer volver a la India. Así que finalmente nos trasladamos y ahora vivo en Ámritapuri la mayor parte del tiempo.

En 1994 tuve muchas caídas, tanto físicas como emocionales. Me caí sobre una ventana enorme y el vestido que llevaba se desgarró completamente, pero no me hice ni el menor corte. También tuve un accidente cuando estaba volviendo a aprender a andar. Un coche arrancó de repente y me atropelló a poca velocidad. No me pasó nada; solo fue un gran susto. Ese mismo año mis alergias empeoraron y me deprimí profundamente. Escuchaba las cintas de cantos de Amma y rezaba constantemente para que aliviara mi grave situación. Ella lo hacía, pero a su manera y no tan rápido como yo deseaba.

Un año, cuando mi familia estaba con Amma en California, me pidió que le dijera algunos nombres indios para poner a los devotos occidentales. Le di nombres largos y anticuados como «Paraméshwaran» y «Naráyani», porque eran los que a mí me gustaban. Ella empezó a bromear y a reírse durante un buen rato. Amma me recordó que siempre tenía que reír y recordar el arco iris, que hace tan feliz a la gente aunque sea tan efímero.

En 1997 fuimos a Boston y Rhode Island con Amma. Al llegar sentía que algo iba a suceder, y así fue. Como de costumbre, comí lo que mi madre había preparado especialmente para mí; pero también quise comer algo de lo que comían los demás, y mi madre me dio un trozo de pepino de la ensalada preparada para los devotos. Yo había comido pepino antes, pero, por alguna razón, esa vez me sentí muy mal después de comerlo. Fui a recibir el darshan de Amma y le dije que no me encontraba bien. Me dijo que me tumbara inmediatamente y que descansara. De camino a la habitación mi voz interior me dijo que me tumbara allí mismo en el suelo. Estaba en la entrada de la sala y empecé a respirar con una gran dificultad. De repente, toda mi «familia» de Amma me rodeó y, bajo su guía, me administraron la ayuda adecuada. Le preguntaron a Amma si me tenían que llevar al hospital y dijo que sí. Un devoto que conocía muy bien el hospital de Boston me llevó a urgencias. «Por casualidad», un médico creyente que era compañero de mi hermana en la universidad y que estaba de guardia esa noche nos ayudó y nos tranquilizó con gran bondad y compasión. La cordialidad de toda la gente que rodeaba a Amma resultó ser de muchísima más ayuda que los estudios de los médicos en mi primer ataque en 1985. Sentía verdaderamente el poder sanador de la presencia de Amma.

Me pusieron respiración asistida, pero al día siguiente ya me sentía mucho mejor. Me desperté renovada y nombré a la UCI «la Unidad de Cuidados Interiores». Le recé a Amma para que me dejaran salir lo antes posible del hospital y pudiera volver a la sala en la que se encontraba su cuerpo físico. Como me sentía mucho mejor, me dieron el alta en un tiempo récord, justo a tiempo para el retiro de Rhode Island. Todos se sorprendieron al verme tan pronto por allí, como si solo hubiera hecho un viajecito (y así había sido). Por la gracia de Amma, todo salió bien. Amma siempre responde a las llamadas de sus hijos. Si damos un paso hacia Ella, Ella dará cien pasos hacia nosotros. Mi intención es ser mejor persona con la ayuda de Amma. Como mi apariencia, mi manera de hablar y de caminar es «diferente» a la de los demás, la mayor parte de mis amistades de la infancia no saben cómo relacionarse conmigo y la distancia entre nosotros es grande. La gente a menudo tiene dificultad para ver más allá de mi estado físico. Tienden a temer hacerme daño o a sentir pena de mi situación. En 1998 caí en una depresión profunda y me sentía muy frustrada por mi estado físico. Mi madre y yo hicimos caso a Amma y nos fuimos a Ámritapuri para quedarnos allí. Desde entonces mi salud, tanto física como mental, ha mejorado y me he dado cuenta de que Amma ve mucho más allá de mi estado físico o mental; ve mi corazón y conoce muy bien mis pensamientos y mis deseos. De pequeña, como siempre estaba enferma, nunca pude sobresalir en los estudios como mi hermano y mi hermana. Siempre había querido dedicarme a la enseñanza para poder enseñar a los niños y comprender sus necesidades. Entonces llegó el coma seguido por un largo proceso de años de recuperación, que me dejó sin energía. Parecía que no iba a poder hacer nada útil en la vida. Como dije antes, en 1987 Amma me había aconsejado aprender malayálam. Fue una simple petición, pero yo me la tomé muy en serio. A pesar de mis dificultades de visión y de movilidad aprendí a hablar, escribir y leer en ese idioma. Cuando supo que mi depresión se debía a mi miedo a ser físicamente inútil, Amma me propuso utilizar mis conocimientos de inglés y malayálam para ayudar a los visitantes internacionales del áshram a aprender malayálam. Ahora doy clase a algunas personas en el áshram y nos reímos de nuestros errores. Cuando empecé a enseñar sentí, por primera vez en mi vida, que era útil y que había conseguido algo. Sé por experiencia que eso solo ha sido posible por la gracia de Amma.

Hay una frase en la entrada de los Estados Unidos, en la base de la Estatua de la Libertad: «Traedme a las cansadas, pobres y desesperadas masas con ansias de libertad y yo las elevaré hasta las mismas puertas del cielo». Amma es la verdadera Diosa de la Libertad, puesto que, silenciosa y erguida sobre el océano del samsara, con su antorcha de Amor, elimina la oscuridad y la desesperanza de nuestros corazones. Ella es la guía suprema en nuestro viaje por esta vida y más allá de ella, y solo en sus pies podremos descansar al final.

(Abril de 2005)

Ella me elevó

Vijaykumar, India

Los recuerdos pueden ser bastante dolorosos, sobre todo cuando provienen de memorias basadas en la idea de que eres un fracasado. Sin embargo, me aferro a esos mismos recuerdos porque, después de que lo peor hubiera pasado, se convirtieron en las mejores lecciones de mi vida. La vida me arrastró a lo peor para sacar lo mejor de mí. Y al final me hice creyente.

Voy a empezar por el principio. En 1989 vivía en Calcuta y era el director gerente de mi propia pequeña empresa de comercialización de productos químicos. El negocio iba bien y disfrutaba de los frutos del éxito: coche, chófer, ser socio de un club y tener una familia satisfecha.

Un día mi madre me escribió sobre Amma desde Shoranur, en Kérala, y me dijo que tenía que ir a conocerla cuando visitara Calcuta. En la carta me especificaba las fechas del programa. No podía rechazar la petición de mi madre, aunque no me interesase lo más mínimo conocer a una mujer a la que la gente llamaba Madre Divina. Además, estaba el hecho de que los devotos tocaban sus pies para saludarla, algo que no cabía en absoluto en mis arrogantes esquemas mentales.

Aun así, mi esposa Gírija y yo fuimos a verla, llevados más por la curiosidad que por la devoción. El darshan era en el templo de Shastha Samúham Ayyappan, en el sur de Calcuta. Nos pusimos en la cola del darshan y, cuando nos tocó, un pariente cercano me presentó a Amma.

Me sorprendió que Amma me dijera que había conocido a mi madre en Shoranur, donde le dieron un manuscrito del comentario del *Lalita Sahasranama* (mil nombres de la Madre Divina) que había escrito mi bisabuelo, Thiruvali Vallikkat Naráyana Menon. Amma me abrazó con mucho cariño y la emoción me embargó.

Inmediatamente me postré y toqué sus sagrados pies. Y así lo volví a hacer cada vez que la vi en todos los programas de Calcuta. Al año siguiente Amma volvió a Calcuta en su gira y entonces yo ya formaba parte del comité organizador. En esos días se podía pasar mucho tiempo cerca de Ella. Gírija y yo aprovechábamos cualquier oportunidad para hablar con Ella, hacerle preguntas y escuchar las respuestas que nos daba con humor y humildad. Poco después empecé a rendirle culto a la Madre.

Los dos años siguientes pasaron rápidamente. Los beneficios de mi negocio empezaron a disminuir y eso influyó en mi estilo de vida. Tuve que vender el coche y las visitas al club eran cada vez menos frecuentes. Un amigo me aconsejó probar suerte en Ajman, en los Emiratos Árabes Unidos, donde había un hombre de negocios oriundo del Punjab que también distribuía productos químicos y quería conocer a alguien que estuviera interesado en el mercado de allí. Acepté la propuesta y me embarqué en una nueva aventura.

Fue entonces cuando empezó mi descenso hacia los problemas y el sufrimiento. Mi jefe de Ajman tenía mucho dinero, pero era un déspota y un maleducado. En poco tiempo, su manera de llevar los negocios produjo efectos nefastos en mí. Me sentía muy solo, a miles de kilómetros de mi familia y sin nadie con quien hablar. Siempre había sido una persona extrovertida, por lo que la situación no podía ser peor. Traté de ahuyentar la ansiedad concentrándome en el trabajo, pero no lo conseguí. Decidí tomar antidepresivos y, muy pronto, el efecto de los fármacos empezó a hacer mella en mi personalidad. Tenía un trastorno agudo de ansiedad.

En los primeros años de mi enfermedad recuerdo que le rezaba a Amma constantemente, pero cuando la medicación empezó a provocar efectos dejé de hacerlo. Regresé a Calcuta seis meses más tarde con casi quince kilos menos. Estaba tan envejecido y demacrado que incluso algunos de mis amigos más cercanos no me reconocieron.

A pesar de estar rodeado del calor y la seguridad familiar, las miradas consternadas que me encontraba cada vez que me cruzaba con un conocido hicieron que me encerrara mucho más en mí mismo. Mi estado era de depresión profunda. Me encerré en mi mundo y no quería ver a nadie ni recibir llamadas. Las visitas constantes al psiquiátrico no parecían funcionar. No dejaba de decirle a mi mujer y a mis dos hijos, que entonces eran adolescentes, que terminaría muy pronto en la calle.

Gírija y mis hijos se hicieron cargo del negocio, que yo había abandonado completamente. Ella adquirió confianza gracias a una carta que Amma le escribió cuando yo estaba en Ajman. Mi mujer le había escrito pidiéndole consejo para poder afrontar los tiempos difíciles. Ella le respondió con rapidez para decirle que siempre estaba a su lado, rezando por su felicidad y bienestar y que, a pesar de lo mal que estaba la situación, sonriera y estuviera contenta siempre.

Al cuarto año de estar enfermo empecé a tener tendencias suicidas. Mi esposa ponía un poco de luz en mi oscuridad y me llevaba a los templos con la esperanza de que su ambiente me ayudara. En varias ocasiones planeó visitar el áshram de Amma, pero por una u otra razón los planes no se materializaron hasta agosto de 1997.

Nada más llegar conocí a Swami Amritaswarupanándaji y a Swami Amritatmanándaji. Ambos habían oído hablar de mi difícil situación y me aconsejaron hablar personalmente con Amma.

Recibimos el darshan a la mañana siguiente. La espera fue larga y me pasé todo el rato imaginando la conversación con Amma. Quería que me diera una solución a los problemas que tenía y me dijera exactamente cómo salir de ellos.

Sin embargo, nada ocurrió como tenía pensado. En el momento en que estuve frente a Ella, dijo con dulzura:

—Mi hijo de Calcuta ha venido, por fin, a verme.

Además, le dijo a mi mujer que los niños habían crecido mucho.

Con solo esas palabras, el caparazón que había creado a mí alrededor se rompió en mil pedazos. Al escuchar las palabras llenas de cariño, rompí a llorar sin parar. Durante los cuatro años que llevaba luchando con la enfermedad, mis emociones habían desaparecido. No podía ni reír ni llorar. Me aferré al cinismo y al sarcasmo. Sin embargo, un solo momento con Amma lo cambió todo. Volví a sentir y, en unas pocas horas, el carácter extrovertido que las medicinas habían hecho desaparecer volvió a florecer.

Cuando pude dejar de llorar, Amma me volvió a abrazar y nos pidió que nos sentáramos a su lado. Siguió recibiendo a gente y, de vez en cuando, me miraba y me sonreía. Apenas hablé. Todo lo que había preparado para decirle se evaporó y solo podía pensar en Amma y en su amor a mí. Dos horas más tarde, Amma se levantó y se fue. Esa misma noche vi a Swámiji y me preguntó si había hablado con Amma de mis problemas. Asentí con la cabeza.

A la mañana siguiente era un hombre completamente nuevo. Mi depresión había desaparecido y volvía a ser como antes. ¡No me lo podía creer! Se lo conté de inmediato a los niños y a mi esposa, y tampoco ellos salían de su asombro. Habían presenciado un milagro que, como más tarde descubriría, iba a cambiar completamente el rumbo de mi vida.

Era imposible describir la dicha que sentía. De manera inexplicable y milagrosa, volvía a ser el mismo charlatán de siempre. Para cuando nos fuimos del áshram y llegamos a Shoranur, los efectos del milagro empezaban a ser visibles para todos. Mis familiares celebraron la vuelta del viejo Vijayan, a quien tanto habían echado de menos, con cálidos abrazos y muchas risas. Unos días más tarde volví a Calcuta y se repitió la gozosa bienvenida de mis amigos de allí.

Al principio creía que Amma era una santa. Ahora pienso que es la encarnación de la propia Diosa. Todavía es un misterio para mí cómo transformó mi mente.

¿Quién es Amma? ¿A qué se debe su grandeza? ¿Qué hace para que las pruebas y dificultades de la vida sean más fáciles de afrontar? Cómo lo hace es algo que escapa a mi comprensión.

Las cosas se arreglaron tan rápidamente como antes se habían desmoronado. Un mes más tarde Amma vino a Chennái y fui a verla. Durante el darshan vi que Ella era todo lo que Dios tenía que ser... y mucho más. Cuando estaba frente a Ella se le iluminó la cara y me dijo:

—¿Ahora puedes trabajar bien, hijo mío? —y me abrazó con fuerza.

Esa vez la emoción no me impidió hablar. Le dije que había vuelto a «ser el de antes» y que, de hecho, ahora era una persona con más confianza que antes y estaba, gracias a sus bendiciones y su gracia, preparado para afrontar la vida.

Muy poco tiempo después, un viejo socio y amigo me llamó para preguntarme si estaba interesado en abrir una filial de su empresa en Singapur. Era todo un reto, pero sabía que con la gracia de Amma podría hacerlo.

Estoy seguro de que su gracia nos protegerá a mí y a toda mi familia, independientemente de lo que nos depare el futuro, igual que protege a todos aquellos que han experimentado su cálido abrazo. Que esta fe nunca flaquee.

(Diciembre de 2000)

Una lección dolorosa

O. Sham Bhat, India

En la India, en el pasado, los alumnos consideraban gurus a sus profesores. Es una buena costumbre, porque el que nos ha enseñado, aunque solo sea una única letra del abecedario, ha contribuido a reducir la oscuridad de nuestra ignorancia. Para nosotros, Amma es la *Páramaguru* (Guru Suprema). Ella dice que el guru es, en realidad, una encarnación de la omnipresente *shakti* (poder cósmico). El que nos lleva a la Verdad Absoluta, a Dios, es el Páramaguru. No hay nada imposible para el Páramaguru. Ella puede hacer cualquier cosa utilizando su enorme shakti para elevar al discípulo que ha acudido a buscar refugio en Ella.

Yo he experimentado la shakti infinita de Amma y el caudal infinito de su compasión.

Nací en un pueblo llamado Odiyur, en el distrito de Dákshina Kannada, en Karnátaka. Entre 1973 y 1974 estudiaba Bellas Artes en la Universidad de Vivekananda de Puttur y, por entonces, siempre estaba metido en líos.

Mientras estaba en la universidad nombraron rector a un profesor llamado M.S. Appa y, tan solo unos días después de asumir su cargo, tuve discrepancias con él sobre la revista de la universidad y discutimos. Fui a su despacho con otros estudiantes y le faltamos al respeto, haciendo pedazos la revista delante de él. Los del departamento de administración tuvieron que intervenir para poner paz. Sin embargo, estoy seguro de que le causé un gran disgusto al rector y no sería de extrañar que me hubiera maldecido.

Terminé los estudios a su debido tiempo y después estudié derecho, para instalarme finalmente en Mysore como abogado.

Unos años más tarde, quizás por alguna clase de mérito espiritual obtenido en una vida anterior, conocí a Amma. La conocí justo cuando estaba decepcionado de todo lo que la vida me había ofrecido hasta el momento. Estaba triste porque pensaba que no recibía todo lo que merecía por mi trabajo. Fue entonces cuando conocí a un *sádhak* (aspirante espiritual) que supuestamente tenía poderes psíquicos. Me dijo que yo estaba bajo el embrujo de un *guru-shaapa*, la maldición de un guru.

Me quedé de piedra. No podía creer que hubiera hecho algo tan malo como para ser maldecido por Amma o por nuestro guru ancestral, el Swami de Ramachandrapura. Se lo dije al sádhak y él me respondió que no tenían por qué ser ellos, que podría haber sido incluso, por ejemplo, un profesor de la universidad.

Mientras me hablaba me acordé del vergonzoso episodio de mis años de universidad. El sádhak sonrió y dijo:

—¡Uno de tus profesores te maldijo!

Me quedé mudo. Ese sádhak había nacido y se había criado en Mysore; era imposible que supiera nada de mi vida. Me empezaron a dar miedo sus poderes psíquicos. Para rematarlo, ¡me dijo hasta el nombre del rector: M.S. Appa! No podía creerlo, todo empezaba a cuadrar.

Lleno de humildad, le pregunté cómo podía librarme de la maldición. Me respondió muy sencillamente:

—Ve a verle y pídele que te perdone.

Empecé a investigar su paradero. Me dijeron que se había jubilado y que vivía en Bangalore. Había publicado una autobiografía en la que hablaba del incidente que había tenido conmigo y decía que la humillación que le causé había sido la única experiencia amarga de su vida.

Si todavía estaba enfadado conmigo, ¿cómo iba a querer verme? ¿Y si al hacerlo se enfadaba aún más? ¿Qué podía hacer?

Un día vino a visitarme un viejo amigo de Shimoga. Cuando estábamos en la universidad siempre se mezclaba con gente de la política, pero eso había cambiado completamente. Se había hecho devoto de un santo y había dedicado su vida a la espiritualidad. Ahora que su guru ya no estaba físicamente en el mundo, deseaba ver a Amma para preguntarle algunas cosas relacionadas con él. Quería que lo llevara a ver a Amma lo antes posible.

—Cuando esté con Amma, veré a mi guru —me dijo.

Amma estaba en Cochín, consagrando un nuevo templo brahmasthánam. De viaje a Cochín mi amigo no dejaba de hablar de la grandeza de su guru. Yo pensaba para mis adentros: «Amma es una Sátguru, la encarnación de la compasión. ¿Y si me perdona ella por lo que le hice al profesor?»

Cuando fui a recibir el darshan le pedí mentalmente a Amma que me perdonase.

Un mes más tarde, mientras estaba en el trabajo, oí una voz familiar que me llamó por mi nombre:

—¡Sham Bhat!

En ese momento había muchos clientes. Cuando levanté la cabeza, ¡vi al profesor Appa! Salté de la silla y le saludé con una reverencia. No sabía qué decirle.

Me dijo que había sentido la necesidad de buscarme, perdonarme y darme su bendición. Había ido una vez hasta Mysore a buscarme, pero, al no encontrarme, se había puesto en contacto con mis familiares en Dákshina Kannada. Cuando consiguió mi dirección, volvió otra vez a Mysore para darme su bendición.

Se quedó muy poco tiempo, pero antes de irse me invitó a ir a su casa de Bangalore. Cuando volvió a su casa, hasta me escribió una carta.

Unos días más tarde fui con mi mujer a Bangalore a casa del profesor. Le rogué de todo corazón que me perdonara por mis errores. Él, con lágrimas en los ojos, me dio su sincera bendición. Le conté allí mismo mi experiencia con el sádhak con poderes psíquicos, lo que me dijo y mi ferviente petición a Amma.

Mientras hablábamos, descubrimos que el día que yo había ido a Cochín al darshan de Amma, el profesor Appa había visitado el famoso templo de Vadukkunnaathan (un templo de Shiva) de Thrissur, a solo unas pocas horas de Cochín. Fue allí donde sintió una gran necesidad de encontrarme y darme su bendición. Su deseo había sido tan fuerte que incluso me había comprado un regalo allí mismo, en el templo. El profesor Appa nos entregó el regalo a mi mujer y a mí y nos dio su bendición.

Me di cuenta de que, si insultamos a alguien, a un profesor o a quien sea, sufrimos las consecuencias kármicas más pronto o más tarde. Eso se ha convertido para mí en una lección para toda la vida.

Tan solo la omnipotencia de Amma pudo librarme de la maldición. Cuando nos unimos al amor de la Madre del Universo, cualquier otra atadura desaparece.

Que mi experiencia sirva como una lección de humildad, sinceridad y fidelidad para todos. Eso es lo que le pido a Amma. Su compasión es infinita. Tan solo tenemos que arrodillarnos y tocar el suelo con la frente, y su torrente de compasión fluirá hacia nosotros.

(Noviembre de 2008)

Una nueva vida

Rahul Menon, India

Conocí a Amma cuando estaba en quinto de primaria. Mis padres eran fervientes devotos y a menudo me llevaban al áshram con ellos. En aquella época, para mí esa visita significaba librarme de ir al colegio y de las obligaciones que tenía en casa. Además era una dicha estar en brazos de Amma, respirar su dulce perfume y recibir un caramelo al final del darshan. Cuando crecí, empecé a ofrecerme para hacer *seva* (servicio desinteresado) y a ir a los campamentos que organizaba el áshram. En casa me uní a un grupo de bhajans que cantaba en las ocasiones especiales organizadas por los devotos.

Cuando terminé la universidad, la vida me llevó a Chennái y a Bombay. Más tarde encontré trabajo en el departamento comercial de una empresa en Dubái, en los Emiratos Árabes Unidos. Me casé y fuimos bendecidos con un hijo. Mi mujer también encontró un trabajo, aunque le pagaban menos de lo que esperábamos. La vida fluía como un río con aguas que no eran ni demasiado lentas ni demasiado turbulentas.

Yo no realizaba una práctica espiritual continua, aunque el recuerdo de Amma siempre estaba presente. Además, cada vez que mi madre iba a Ámritapuri, me hablaba de Amma.

Los fines de semana, que en Dubái son el viernes y el sábado, me quedaba en casa descansando con mi mujer y mi hijo o salíamos a dar una vuelta. Una noche, después de salir con mis amigos, ocurrió el peor de los desastres. Me debí de quedar dormido mientras conducía, después de unas cuantas copas y del cansancio acumulado, y cuando me di cuenta había atropellado mortalmente a un hombre y herido a varios. Lo ocurrido ya no tenía remedio.

Al día siguiente fui a la comisaría y lo confesé todo. El hecho de pensar que había destruido una vida humana me horrorizaba. La palabra «remordimiento» ni se acerca a lo desgraciado que me sentía en esos momentos. Recé para que Amma me perdonara y me ayudara en esa situación. No dejaba de preguntarme si Dios me perdonaría.

El tribunal tardó unos tres meses en dar su veredicto: treinta y cuatro *lakhs* (3,4 millones) de rupias de indemnización para la familia, una multa de cinco lakhs (medio millón) de rupias y dos años de cárcel.

Para mí era imposible pagar ese dinero. Lo único que podía hacer era rezarle a Amma. Hasta ese momento pensaba que no tenía tiempo para rezar por mi apretado horario de trabajo. Sin embargo, ahora llegaba a recitar el *Lalita Sahasranama* tres veces al día, completamente concentrado, y pasaba el día postrado a sus pies.

Hice una petición a la administración para que me redujeran la multa, pero tardaron un año en responder. Como respuesta a mis fervientes oraciones a Amma, mi mujer recibió una oferta de trabajo muy bien pagada justo cuando entré en la cárcel, lo que me permitió dejarme de preocupar por la situación económica de mi mujer y mi hijo.

El segundo gran milagro ocurrió al final del *Ramadán*, el mes de ayuno para el islam. En Dubái ese día se amnistía a algunos presos, pero solo para ciudadanos de Dubái. Sin embargo, esa vez mi nombre apareció junto a otros en la lista de los que recibirían el perdón. Me iban a reducir el tiempo de cárcel y me quitaron la multa de cinco lakhs. Sin embargo, nada se podía hacer respecto a la indemnización de treinta y cuatro lakhs para la familia, a no ser que los mismos familiares quisieran reducir la cantidad. A pesar de que los padres del hombre sentían compasión de mí, el resto de los familiares insistían en que debía pagar todo el dinero.

Mi madre acudió a Amma una vez más y le informó de la situación. Ella nos propuso que vendiéramos de inmediato la nueva casa que había comprado y que transfiriésemos el dinero con rapidez, porque las leyes de ese país son muy estrictas. Mi madre lo hizo así, vendió la casa y estaba a punto de realizar la transferencia del dinero cuando, sorprendentemente para mí, en la cárcel me comunicaron esto: «Eres libre, puedes irte ahora mismo». Salí rápidamente de la celda y me informaron de la razón de mi libertad: me dijeron que alguien había pagado el dinero, alguien que deseaba permanecer en el anonimato.

Mi madre volvió enseguida ver a Amma y le dijo llena de emoción:

—Amma, tú has pagado el dinero, ¿verdad? —Amma tan solo sonrió bondadosamente y le pidió que se sentara cerca de Ella.

Al ver la emoción de mi madre, muchos de los que estaban allí preguntaron qué había sucedido. Así que aquí estoy, contando mi historia, otra prueba de lo que Amma, nuestra amada guru, puede hacer por nosotros.

En situaciones de absoluta desesperación podemos ir al astrólogo sin pensar que es el guru el que está más allá de cualquier predicción y puede cambiar nuestro destino, si así lo decide. Muchos astrólogos le habían dicho a mi madre que yo no viviría más allá de 2012. Quizás Amma me tuviera escondido en una celda de la cárcel para hacerme invisible al Señor de la Muerte.

Gracias Amma, por esta nueva vida. Hazme merecedor de tu gracia. Que mi historia permita a otros fortalecer su fe en ti y se dirijan con más fervor hacia el único objetivo de la vida.

(Septiembre de 2014)

Transformación

VSK, India

Como un barco zarandeado por enormes olas, estaba completamente a merced de los caprichos y deseos de mi mente. Había llegado a la conclusión de que no había remedio para mí en esta vida. Fue entonces cuando Amma entró en ella: encendió la llama del amor en mi corazón, me ofreció refugio y me guió hacia la orilla de la paz.

Tenía un buen trabajo y una familia maravillosa, pero, por desgracia, también tenía muchos vicios. Bebía mucho y fumaba sin parar, me gastaba todo el sueldo en esos caprichos. Algunas veces, bebía tanto que mis amigos me tenían que llevar a casa. Cada vez que mis familiares intentaban que dejara los malos hábitos, me enfurecía y discutía con ellos. Otras veces, me arrepentía de lo que hacía y deseaba salir del círculo vicioso en el que me encontraba, pero parecía que había perdido toda la fuerza de voluntad. A la menor ocasión caía otra vez en la tentación y los programas de desintoxicación parecían no tener efecto sobre mí.

En 1995 un buen amigo me habló de Amma y de su grandeza. Me dijo que fuera a verla cuando Ella visitara Pune.

—No tengo ninguna clase de interés en gurus o en madres divinas —le repliqué.

Sin embargo, insistió durante un tiempo y al final acepté ir con él. Al entrar al áshram vi a Amma en el escenario cantando bhajans. Solo se respiraba devoción en la atmósfera y sentí una paz inmensa, algo que no había experimentado durante años. Casi al final Amma cantó un bhajan que parecía reflejar exactamente mi penosa situación:

Oh mente, recuerda esta verdad suprema: ¡nadie te pertenece!

Ocupada en acciones sin sentido, das vueltas sin parar en el océano de este mundo...

Atrapada en la sutil trampa de Maya, no olvides el sagrado nombre de la Madre Divina.

Los ojos se me llenaron de lágrimas. Sin embargo, no quería ir a recibir el darshan. Además, estaba empezando a ponerme nervioso porque llevaba una hora sin fumar. Le dije a mi amigo que tenía «algo muy importante» que hacer y me tenía que marchar, pero no me creyó. Hizo que me pusiera en la cola del darshan. A medida que me acercaba a Amma mi corazón se aceleraba más y no dejaba de pensar: «Seguro que ni me toca, porque soy un gran pecador». Sin embargo, los minutos siguientes resultaron decisivos en mi vida. Cuando estuve delante de Amma, me tomó en sus brazos y me dijo al oído:

—Hijo mío travieso, sé que lo estás pasando mal. No te preocupes, Amma está contigo. No pierdas la esperanza.

Esas palabras calaron hondo en mi corazón. Lloré como un bebé en los brazos de Amma. Luego me dijo que me sentara un rato detrás de Ella. ¡Tanto amor y compasión para alguien tan insignificante como yo! No me lo podía creer. No dejé de llorar mientras ella daba darshan a una gran multitud.

Después del darshan estaba tan lleno del amor de Amma que no podía ni hablar. Mi amigo, al verme, sonrió y me preguntó:

—¿Vas a venir mañana?

Y yo asentí con gran fervor.

Mi mujer y mis hijos se sorprendieron enormemente al ver que no llegaba a casa borracho; al contrario, estaba muy tranquilo y cariñoso. Al día siguiente llevé a mi familia a que recibiera el darshan y, en esa primera vez, todos se hicieron devotos. Poco a poco vi que recuperaba mi fuerza mental, y sabía que la gracia de Amma me salvaría. Durante uno de los darshans, Amma me susurró al oído:

—Hijo, da un solo paso. Amma dará cien pasos hacia ti para elevarte. Si te resulta difícil dejar de beber de repente, ya que llevas muchos años haciéndolo, déjalo progresivamente. En poco tiempo tendrás la fuerza suficiente para dejarlo por completo.

Decidí que haría todo lo que fuera necesario para superar mis debilidades. Sin embargo, un pensamiento me cruzó por la cabeza y me llenó de preocupación: «Amma solo estará aquí unos días. Después, ¿qué?» El miedo me recorrió todo el cuerpo.

—¿Caeré de nuevo en el agujero negro? —le pregunté a Amma en el siguiente darshan.

Ella me aseguró que no me dejaría caer otra vez. También me dijo que en el darshan de Devi Bhava me daría un mantra. Eso me alivió muchísimo.

Amma me inició en un mantra al final del Devi Bhava. En ese momento de bendición sentí que todos los pesares de mi corazón habían desaparecido, y experimenté una gran alegría y dicha. Al terminar el Devi Bhava, un brahmachari me dio las instrucciones para recitar el mantra. Amma salió unas horas más tarde hacia Bombay y me despedí de Ella con lágrimas en los ojos y con la promesa interior de que nunca más me perdería en la vida y que recitaría mi mantra con sinceridad y devoción.

A partir de ese día hice *mantra japa* (repetición del mantra) con regularidad, un rato por la mañana y otro por la noche. Por supuesto, impedir que la mente vacilante volviera a los viejos hábitos era todo un reto y hubo muchas veces en las que sentí que estaba a punto de caer otra vez en la oscuridad. Recitar el mantra siempre me dio fuerzas y me ayudó a mantener la mente centrada en Amma. Mis ganas de fumar y beber empezaron a disminuir notablemente.

Un mes después de recibir el mantra de Amma, solo bebía un par de tragos al día. Mi familia estaba muy contenta de mi progreso. Un día, a punto de tomar una copa, de repente el olor del alcohol me provocó tales náuseas que no fui capaz ni de levantar el vaso. Era la misma marca de alcohol que había bebido siempre. A partir de ese momento tuve una aversión tan grande al alcohol que no podía ni soportar su olor. Por la gracia de Amma, dejé de beber por completo. En cuanto al tabaco, pasé de fumar tres paquetes diarios a fumar cinco cigarrillos al día. Dos meses después de haber dejado de beber, el olor del tabaco me repugnaba. Incluso cuando alguien fumaba cerca de mí parecía que me ahogaba. Así que también dejé de fumar.

Llevaba muchos años comiendo carne. No podía imaginar una comida o una cena sin carne. Pero, mientras pasaban los días, cada vez toleraba menos la carne, su olor y su sabor.

Así, Amma fue trabajando gradualmente con todas mis debilidades y las eliminó una tras otra.

Las palabras se quedan cortas para expresar mi gratitud hacia Amma. Gracias a Ella, mi vida, que hasta la fecha había sido una carga para los demás, ahora tiene sentido. Pasaba mucho tiempo en bares y restaurantes, pero ahora estoy la mayor parte del tiempo en el áshram haciendo seva y sádhana. Muchos de mis amigos y compañeros de trabajo, al ver el gran cambio que se ha operado en mí, se han convertido en fervientes devotos de Amma. Una amplia sonrisa ha remplazado la tristeza que oscurecía el rostro de mi mujer y mis hijos.

El amor y la compasión de Amma han transformado innumerables vidas. Hemos sido bendecidos al poder resguardarnos en el refugio de la Madre Divina, cuya protección es eterna.

(Diciembre de 1997)

De vuelta a la vida

Rebekka Roininen, Finlandia

Siempre sentí un vacío y una nostalgia que no sabía explicar. Ya de pequeña reflexionaba mucho sobre los misterios de la vida, la muerte y la eternidad. Tenía muchas preguntas, pero nadie sabía verdaderamente explicarme, por ejemplo, qué pasaba después de la muerte o qué era la eternidad. Sentía que había mucho más de lo que se podía percibir con la vista, pero no sabía qué era.

Mis padres habían aprendido meditación trascendental y nos llevaron también a mi hermana y a mí a aprenderla. Íbamos con ellos a retiros de silencio, pero, como aún éramos pequeñas, no valorábamos esa práctica. Todo era un poco «extraño», y la gente también. En esa época la meditación, el yoga y el ser vegetariano era poco corriente y ajeno a nuestra cultura, y por eso nuestros padres nos aconsejaban no hablar mucho de ello con nuestros amigos, ya que no lo entenderían. Tuvimos una infancia bonita, aunque nos hubiera gustado ser un poco más «normales». En aquel momento no lo apreciaba; sin embargo, aquella base espiritual que recibí de pequeña me ayudó mucho e incluso más adelante me salvó la vida.

A medida que me iba haciendo mayor, la sensación de vacío y añoranza se hicieron más intensos; siempre sentía que estaba en el lugar equivocado y que no pertenecía a ningún lugar. No había nada en particular que me interesara y todo carecía de sentido. La educación escolar solo buscaba el éxito mundano; no se alentaba a la gente sensible y delicada a cultivar los valores del corazón. Además, mi carácter introvertido, silencioso y tímido no encajaba en absoluto ni en el colegio ni en mi círculo social. Al sentirme tan diferente de los demás, me aislé en mi propio mundo.

Encontré una medicina para curar el dolor y la ansiedad social que sufría: el alcohol. En Finlandia la gente bebe mucho, así que era natural probarlo. Cada vez que bebía, me sentía libre y todas las preocupaciones desaparecían. No tardé en ser alcohólica. Después también empecé con las drogas. Viajé y viví en diferentes países intentando aliviar el dolor y el vacío interior, pero todo acababa siendo en vano por culpa de las drogas y el alcohol. Me despedían del trabajo, traicionaba a la gente y echaba a perder mis amistades. Incluso me llegaron a arrestar, lo que supuso un gran disgusto y una decepción para mis familiares.

Me fui a vivir a Nueva York con la intención de arreglar mi vida; sin embargo, resultó aún peor. Cada vez quería salir más y probar drogas más fuertes. Terminé inyectándomelas. Pronto, toda mi vida giraba en torno a las drogas para olvidar el dolor. Me levantaba aterrada por tener que enfrentarme al nuevo día. A veces, me llegué a alimentar de las sobras de la basura de los restaurantes. Increíblemente, siempre había un buen samaritano dispuesto a ofrecer su ayuda, incluso a gente como yo. Esos días aprendí que siempre hay gente buena en el mundo dispuesta a ayudar. Siempre me sentí protegida.

Intenté dejar las drogas muchas veces, sin éxito. Iba a clínicas de desintoxicación, pero en cuanto salía volvía a las andadas. No sabía cómo salir de mi adicción y llegué a creer que estaba loca y que pasaría así el resto de mi vida, que no creía fuera a ser muy larga.

Decidí que ya estaba bien. Durante toda una semana intenté que me ingresaran en un centro de desintoxicación, hasta que finalmente me ofrecieron internarme en un hospital en un programa de larga duración y, de alguna manera, conseguí quedarme. Durante las dos primeras semanas no podía ni comer ni dormir y durante las dos siguientes no dejaba de vomitar todo lo que comía. Me aterraba hablar con la gente, pero me obligué a quedarme porque no quería volver a la vida de antes. Tuve que hacer un esfuerzo casi sobrehumano por conservar la fe y quedarme en ese programa de rehabilitación, plantarme cara a mí misma e intentar cambiar todo en mí y en mi vida. El programa era fantástico. Aceptaban a personas que no tenían adónde ir. Había delincuentes, prostitutas y vagabundos. Había personas que incluso había matado por las drogas. Esas personas no habían tenido las mismas oportunidades en la vida que yo. El eslogan del programa era: «¡Bienvenido de nuevo a la vida!»

El programa fomentaba una disciplina estricta y muchos ideales espirituales. Allí, por primera vez en mi vida, sentí que la gente me quería tal y como era y creía en mí. También era la primera vez que sentía que tenía amigos. Comprobé que incluso en el corazón de los seres humanos más desesperados y endurecidos había bondad. Fueron tan generosos conmigo que estoy convencida de que les debo la vida.

Mi madre y mi hermana viajaron hasta aquel barrio tan peligroso de Nueva York solo para verme. Fue muy doloroso verlas de nuevo, pero se mostraron muy comprensivas. Mi madre me preguntó:

—¿Cómo podemos ayudarte?

Mis padres nunca perdieron la esperanza en mí. Mi madre me dijo que había visto a «una madre santa de la India, Amma», y me dio una *mala* (rosario) bendecido por Ella. Lo acepté sin pensármelo. Más tarde, mi madre me dijo que había soñado que Amma me abrazaba, antes incluso de haberla conocido en persona.

Poco después de ese encuentro, algo cambió. Recuerdo que se lo conté a mi terapeuta y él me preguntó qué sentía. Aún recuerdo exactamente lo que le respondí: «Me siento en paz». De alguna manera, ya no sentía que la adicción tuviera poder sobre mí. Mi vida cambió. Dejé las drogas y el alcohol y nunca más volví a las andadas.

Volví a Europa y empecé a meditar de nuevo. Sabía que la espiritualidad era la única respuesta para todo. Era la única manera de sobrevivir. Mi madre me llamó para decirme que Amma iba a visitar la ciudad y que podía verla. Me sentí muy feliz y emocionada, sabía que tenía que ir a verla de inmediato. Recuerdo que tomé un autobús una noche lluviosa y fría de otoño. Cuando llegué a la sala, ya en la puerta empecé a sentir algo muy especial. Recibí el darshan de Amma y me senté en la parte del fondo de la sala, sin entender muy bien lo que había ocurrido. Era difícil comprender que existiera alguien como Amma, alguien que amara incondicionalmente y aceptara a todo el mundo. Era algo que nunca había podido imaginar hasta que la conocí.

Ese primer encuentro no fue tan impactante para mí. No pensé que mi vida hubiera cambiado completamente; pero hubo algo que permaneció conmigo. Puse la foto de Amma en la pared y miraba su sonriente cara de vez en cuando. Sin embargo, no pensé demasiado sobre todo lo ocurrido hasta el año siguiente, cuando sentí que tenía que verla.

Mientras tanto, mi visión de la vida había empezado a cambiar. Siempre me había preguntado sobre los misterios de la existencia, pero ahora quería realmente encontrar una respuesta y pensaba que la mente no la podría proporcionar. Empecé a anhelar una vida más espiritual. Eso era un poco raro, ya que en esos momentos tenía una nueva vida que deseaba disfrutar: estudiar, encontrar un buen trabajo y tener una vida cómoda y «normal». En pocas palabras: deseaba la vida que no había podido tener hasta ese momento. Pero, por el contrario, empecé a pensar cada vez más en Amma y en la vida espiritual. Nada de lo que la vida me podía ofrecer me parecía satisfactorio o merecía el sacrificio. De cualquier manera, ya había intentado buscar la felicidad fuera y había resultado un completo desastre.

Poco a poco, la presencia de Amma fue penetrando en mi vida y, después de ir a la India, sabía que tenía que estar a su lado. Deseaba dedicar mi vida a mi ideal espiritual. En una ocasión le pregunté a Amma por qué tuve que sufrir aquella adicción a las drogas. Quería saber por qué alguien como yo, con tantos recursos en la vida, acabó de esa manera. Ella me miró llena de amor y me tocó el brazo. Todavía puedo ver su mirada y sentir aquel contacto. Me dijo que tenía que experimentar la parte negativa de la vida para no volver nunca más a ella. Tenía que aceptar lo que había sucedido y dejarlo atrás. Aquel fue el toque sanador final. Realmente creo que, desde ese momento, ya soy libre. Nunca más he sentido la necesidad de consumir drogas. Amma no solo nos salvó a mi familia y a mí de mi adicción, sino que además me dio muchísimo más: el ideal más elevado para seguir, una vida de verdadero amor y humanidad.

Antes de conocer a Amma mi vida había sido de lo más caótica e indisciplinada. Seguir una disciplina espiritual no ha sido en absoluto fácil, pero Amma siempre me ha animado a hacerlo lo mejor que podía. Ella no nos obliga a hacer nada o a aceptar nada cuando no estamos preparados para ello. Según mi experiencia, se centra tan solo en lo positivo que hay en cada uno, y creo que eso es lo que quiere que nosotros hagamos también. Nos sugiere cosas, pero creo que realmente quiere que seamos nosotros los que elijamos. Sabe que tenemos que estar preparados y, si no lo estamos, espera pacientemente hasta que estemos lo suficientemente maduros para recibir lo que tiene para nosotros. Yo no me considero una gran sádhak, ni tampoco creo que tenga en absoluto ninguna habilidad o talento especial. Ni siquiera me puedo sentar erguida para meditar. Pero hago todo lo que puedo con la intención de mejorar. Se lo debo al mundo, a mis padres y a todas las personas que me han ayudado a sacar lo mejor de mí misma. Incluso cuando a veces siento que soy una fracasada, pienso: «Por lo menos estoy intentando mejorar. Ya no soy como antes». Después de haber vivido una vida inhumana, negativa y sin amor debido al egoísmo, solo puedo ir a mejor. Ahora que he recuperado mi vida como un regalo, siento que ni me pertenece. Tengo una deuda con el mundo. Amma no espera nada de nosotros, ni siquiera nuestro amor. En una ocasión le dije que no sabía si la quería. Ella me respondió: «No te preocupes de si quieres a Amma o no. Amma te quiere a ti. Ama a tu propio Ser». Si no podemos estar abiertos a recibir el amor divino, ¿cómo vamos a ser capaces de dar nuestro limitado amor?

A veces miro atrás y me pregunto cómo acabé en el áshram de Amma. ¿Qué gracia divina me salvó y me dio esta vida llena de belleza, amor y plenitud? Todavía no sé cómo ha ocurrido. Lo que sé es que mucha gente no puede deshacerse de sus adicciones. Estoy agradecida y deseo vivir la vida que se me ha devuelto del mejor modo posible y, si puede ser, ayudar de alguna manera, por pequeña que sea, a hacer feliz a los demás.

Algunos tenemos que sufrir enormemente para poder acercarnos a Dios. El sufrimiento también trae un regalo: una comprensión más profunda de la vida, humildad, gratitud y, sobre todo, la comprensión del sufrimiento de los demás. Quizás mi historia pueda inspirar o ayudar a alguien. Que Amma nos bendiga a todos con un corazón amoroso y bondadoso.

(Octubre de 2014)

Aquella colilla

Indira, India

En algunas casas se pueden ver jarrones preciosos con flores artificiales, que hasta pueden estar perfumadas, pero a esas flores nunca se les acercan las abejas porque no tienen la vibración de la vida.

Para muchos, la espiritualidad es como esas flores artificiales, y así lo era para mí. Por las mañanas, un chófer me llevaba a los templos más cercanos donde el propio sacerdote principal venía a recibirme y a darme el prasad. Le daba una buena *dákshina* (honorario) y, además, hacía una importante donación para el templo. Si asistía a cualquier discurso espiritual, me aseguraba de sentarme en la primera fila con todos los invitados más importantes. En resumen, tanto mi marido como yo éramos considerados «personas espirituales de renombre» en la ciudad. Según mi propio marido, hacer donaciones era una forma respetable de gastar los ingresos injustificables.

¿Acaso es raro actualmente contratar pólizas de seguros para todo? Mi marido y yo decidimos contratar una póliza de la gracia de Dios. La cuota anual adoptaba la forma de *homas* y pujas (formas de adoración ritual) que celebrábamos a menudo en nuestra casa. Venían muchos familiares y conocidos. Mi marido nunca se sintió mal por tomar alguna que otra copa durante el ritual con sus mejores amigos o fumar un cigarrillo detrás de otro. Creo que tan solo dejaba de fumar mientras comía, dormía o estaba en un templo.

Ahora, todo eso parece una pesadilla. Mis amigas de antes dicen: «¡Oh, Indira, antes sí que eras una buena devota! Todo cambió cuando conoció a Shri Mata Amritanándamayi Devi. Mírala ahora, va por ahí vestida de blanco como si fuera una viuda. ¡Qué lástima!»

No tienen la culpa de no entenderlo. Ahora ya no pueden venir a las fiestas que se hacían en mi casa con la excusa de las pujas; ya no pueden utilizar nuestro coche con chófer para visitar templos y otros lugares espirituales que no resultan tan inspiradores ahora que ya no tenemos automóvil. Además, las donaciones que hacíamos para las actuaciones y los bailes de las celebraciones de los templos ahora son mínimas.

Al principio, cuando oímos que Amma venía a visitar nuestra ciudad, no hicimos ningún caso, ya que el comité organizador no nos había invitado. Sin embargo, al ver la gran cantidad de gente que iba a ir a verla, decidimos probar suerte puesto que no teníamos nada que perder y quizás sacáramos algo de provecho.

Cuando fuimos a ver a Amma, llevamos en un gran plato como ofrenda fruta, ropa, dákshina, etc. Respondimos formalmente a los humildes saludos de los organizadores y los brahmacharis y nos colocamos junto al resto de los invitados especiales para recibir el darshan especial de Amma.

—¿A qué hora podremos ver a Amma? —preguntamos.

—Es difícil de saber. Swámiji se lo ha dicho a Amma. Ella os llamará —nos respondieron.

Cansados ya de esperar, nos preguntábamos: «¿Es que no existe un protocolo para los invitados especiales? ¿Es que no le han dicho quién ha venido a verla?» Poco después, un brahmachari vino corriendo:

—¡Om namah shivaya! Amma os llama.

Soy incapaz de describir con palabras nuestro primer encuentro con Amma. Me vienen a la cabeza las frases de un bhajan:

kannangu poka mánavum cálikka
vaakkangu múkam nin munnilamme

Los ojos no te pueden alcanzar. La mente no te puede comprender. Las palabras enmudecen en tu presencia.

72

Amma se echó a reír cuando vio nuestra ofrenda:

—Hijo, Amma no quiere esto.

—Dime entonces qué es lo que desea Amma y se lo traeré —respondió mi marido.

Mientras decía esa frase, mi marido pensaba en el dinero que le iba a pedir Amma para el templo.

—Hijo, la próxima vez que vengas, trae una caja de cigarrillos para Amma. No tienen que ser de los buenos. Solo trae una caja con las colillas que tiras. ¿Lo harás por mí?

Pude ver en la cara de mi marido a un niño al que su madre le acaba de pillar fumando. Para cuando llegamos al coche su actitud había cambiado.

—¿Por qué limitarme a un paquete de colillas? Le daré una maleta llena. No hay que escatimar.

Y riendo amargamente, añadió:

—¡Es broma!

En cuanto subió al coche encendió un cigarro; sin embargo, el entusiasmo con el que lo había hecho siempre había desaparecido. Le dio una o dos caladas, pero su expresión era como si estuviera tomando aceite de ricino. Sostuvo el cigarro durante todo el trayecto y lo tiró cuando ya casi le quemaba los dedos. Al salir del coche recogí la colilla y la metí en un paquete vacío.

—¡La primera! —exclamé.

Ninguno de los dos cenó. Nos dedicamos a devorar los libros que habíamos comprado sin dejar de llorar mientras leíamos. Nos acostamos tarde y, en lugar de ir a nuestra habitación con aire acondicionado, dormimos en la terraza, encima de una alfombra. Nuestros hijos pensaban que nos habíamos vuelto locos; pero ya no lo piensan, porque ahora Amma es su Padre, su Madre, su Guru y su Dios.

En nuestro siguiente darshan, es decir, a la mañana siguiente, bajamos del autobús con nuestros hijos y esperamos pacientemente nuestro turno en una cola interminable, con lo único que llevábamos para ofrecer a los pies de Amma: ¡un paquete de cigarrillos con una única colilla dentro!

(Julio de 2016)

Unción

Gracia divina

MKR, India

La primera vez que vi a Amma fue en marzo de 1998. Creía en Dios; sin embargo, me engañaba pensando que lo más importante era primero ganar dinero y conseguir una determinada posición social y después, a los sesenta, dedicarse a la vida espiritual, después de haberse retirado de la vida social.

Tenía una empresa proveedora de productos químicos que funcionaba muy bien. Estaba muy orgulloso de mis logros, que atribuía solamente a mi capacidad como empresario. Me consideraba un hombre con una inmensa fuerza mental y muy optimista. Sin embargo, no tardé en darme cuenta de que todo lo que pensaba sobre mí mismo no era cierto.

En junio de 1997 mi vida cambió por completo. Mis competidores empezaron a propagar rumores falsos sobre los productos que vendía y los clientes les creyeron. En consecuencia, los grandes pedidos de productos químicos dejaron de entrar y sufrí una pérdida económica importante. Intenté buscar otras alternativas, pero todos mis esfuerzos fueron en vano. Tuve que pagar las deudas y a mis empleados, sin ninguna clase de ingreso. Por las noches no podía dormir pensando en el futuro. Mi hijo había terminado el instituto y ahora deseaba estudiar una carrera de ingeniería, pero yo no tenía dinero ni para la matrícula. Para colmo de desgracias, mi mujer se había puesto muy enferma y tuvo que ser hospitalizada. Muy pronto, los proveedores a los que debía dinero empezaron a enviarme notificaciones de pago. No podía con tantos golpes y perdí toda esperanza. ¿Quién iba a sacarme de ese mar de miseria en el que me encontraba?

Empecé a pensar en el suicidio; pero, cuando estaba a punto de llevarlo a cabo, al recordar a mi mujer y mis hijos, me detuve. Entonces fue cuando oí hablar de Amma. Un familiar, que era un ferviente devoto, vino a visitar a mi mujer al hospital y nos habló de Ella. Me dio esperanzas y me dijo que debía tener fe en Amma, que es la encarnación de la Madre Divina, de la compasión y del amor. Me dio las fechas en las que iría a Bombay y una cinta grabada con sus bhajans. Cuando oí su voz, no podía dejar de llorar. Un gran sentimiento de paz me llenó el corazón y sentía que la carga de mis penas había desaparecido en gran parte. Decidí ir a verla.

Llegué al áshram de Bombay el primer día de la fiesta del templo brahmasthánam. Había muchísima gente y me entraron dudas de que pudiera ver a Amma y contarle mis problemas. Un brahmachari que conocí me dijo que Amma recibiría a todos y cada uno de los que estábamos allí. Mientras hacía la cola del darshan, las dudas empezaron a inundarme la mente: «Si Amma es omnisciente y omnipotente, ¿conocerá todos mis problemas?» A medida que me iba acercando a Ella y vi su cara y su sonrisa llena de compasión, me eché a llorar. Cuando estuve delante de Ella, me derrumbé en sus brazos. Amma me dijo al oído:

—Hijo, el Divino se encargará de todo. Dale esta manzana a tu mujer que está en el hospital.

Me puso prasad y la manzana para mi mujer en las manos. No le había contado nada de mis problemas. ¿Cómo sabía Amma que mi mujer estaba en el hospital? Cuando salí de la sala yo era otra persona. Sabía que Amma cuidaría de mí.

Me fui directamente al hospital y le di a mi mujer la manzana que Amma me había dado para ella. Mi mujer estaba muy débil y muy frágil por la enfermedad que sufría y los médicos no eran capaces de emitir un diagnóstico.

Aquella noche dormí profundamente por primera vez en muchos meses. Cuando fui al hospital al día siguiente por la tarde, los médicos me dijeron que la fiebre de mi mujer había bajado considerablemente. Incluso los resultados de los análisis de sangre que habían hecho por la mañana eran positivos. Los médicos no se lo podían creer. Yo les dije que la curación de mi mujer se debía a la bendición de Amma, la médica divina. Mi mujer y yo lloramos llenos de gratitud hacia Amma.

Cuando salí del hospital, me fui a ver a Amma. Al decirle que había curado a mi mujer, Amma se rió y dijo:

—La gracia divina la ha salvado.

—Yo sé que lo Divino es Amma —le respondí.

Durante los dos días siguientes estuve casi todo el tiempo en el áshram. El último día noté una gran transformación en mí y recibí el mantra de Amma durante el darshan de Devi Bhava. A la mañana siguiente, Ella partía hacía Baroda, y despedirme de Ella me resultó realmente desgarrador.

A medida que iban pasando los días recitaba el mantra con mayor frecuencia y, siempre que tenía tiempo libre, me acercaba al áshram. A mi mujer le dieron el alta en el hospital y, aunque mi situación financiera seguía igual, sentía una fuerza interior muy grande para hacer frente a la situación.

Un día recibí un aviso legal diciéndome que tenía que ingresar una gran cantidad de dinero en el plazo máximo de una semana o me llevarían a juicio. Intenté por todos los medios reunir el dinero, pero nadie parecía dispuesto a ayudar. Tres días antes de que terminara el plazo, lloré delante de la foto de Amma pidiéndole que me mostrara una manera de salir de esa situación crítica. Al día siguiente, por la tarde, recibí una carta de uno de mis antiguos clientes diciéndome que se arrepentía de haber cancelado sus pedidos debido a los falsos rumores. Me decía, además, que quería volver a hacerme pedidos y me adjuntaba un cheque como anticipo. La cantidad de dinero era exactamente la que tenía que ingresar en el plazo de dos días. Puse el sobre delante de la foto de Amma y me postré ante Ella, con lágrimas por mis mejillas.

En estos momentos la situación ha cambiado completamente, puesto que mayor parte de los clientes han vuelto conmigo y ya he pagado casi todas las deudas. Por la gracia de Amma, mi hijo ha sido admitido en los estudios de ingeniería. Ahora todos los miembros de mi familia son fervientes devotos de Amma y nos sentamos todos los días sin excepción juntos para hacer el *árchana* (recitación de los mil nombres de la Madre Divina) y cantar bhajans. Y, siempre que tenemos vacaciones, aunque sea solo una semana, salimos corriendo hacia Ámritapuri para recibir el darshan de Amma.

(Febrero de 1999)

Auténtico páyasam

Ahalya (Maila Korhonen), Finlandia

La primera vez que oí hablar de Amma fue en la primavera de 1995, en un documental de la televisión finlandesa. Ese pequeño programa fue suficiente para darme cuenta de que Ella era mi única esperanza para entender el verdadero objetivo de la vida. Anteriormente había intentado encontrar sentido a la vida uniéndome a los revolucionarios que luchaban para aliviar el sufrimiento de los pobres[4]. Creía que al resolver sus problemas económicos desaparecerían todos sus problemas. Podemos ofrecer nuestra vida para ayudar a los pobres, pero ni mil vidas serían suficientes si no se entiende el sentido y el objetivo de la vida. Después de muchos años me di cuenta de que nada había cambiado, excepto que había perdido la esperanza.

La esperanza de que podía empezar a comprender el objetivo de la existencia se reavivó después de ver a Amma en televisión. Busqué el nombre del productor del programa y compré una copia del vídeo para poder ver más sobre Amma. Los meses siguientes no podía dejar de pensar en Ella e incluso se me apareció en sueños. Finalmente, supe que tenía que ir a verla. Había oído que vendría a Estocolmo en agosto. No tenía dinero para ir, pero me las arreglé para conseguirlo.

Aquellos días en Estocolmo con Amma fueron inolvidables. Tenía la sensación de que ya nos conocíamos de antes y que muy pronto volvería a estar con Ella. También sentí la misma cercanía con todos los hijos e hijas del áshram. Entonces empecé a preguntarme cómo podría ir a la India. Sabía que me llevaría tiempo, así que decidí aprender malayálam, la lengua materna de

---

[4]   La Guerra Civil de El Salvador entre 1980 y 1992.

Amma, para prepararme. Pero, ¿cómo iba a aprender malayálam en Finlandia?

Me senté delante de la foto de Amma y le dije:

—Me gustaría aprender tu idioma, así algún día hablaré contigo en malayálam.

Le comenté mi deseo a una de las hijas de Amma en Finlandia y me dio un libro para aprenderlo. En cuanto volví a casa fui corriendo a su foto y le di las gracias. Al abrir el libro vi que las explicaciones estaban en inglés, no en finlandés, así que empecé a buscar a alguien que me enseñara malayálam. Había muy poca gente de la India en Finlandia, por lo que encontrar a alguien de Kérala parecía misión imposible.

Le recé a Amma una y otra vez. Un viernes por la tarde llamé a la embajada de la India, pero estaba cerrada. Ahora, incluso aquel pequeño rayo de esperanza tenía que esperar hasta la semana siguiente. Al día siguiente fui a una tienda de fotos para hacer una copia de una foto de Amma. El dependiente me dijo que dejara la foto allí encima y que volviera en media hora. Cuando estaba a punto de marcharme, el dependiente miró la foto y me dijo que quizás pudiera hacer la copia en un par de minutos.

No había muchos clientes en la tienda, pero casi todos estaban haciendo cola en la otra parte del mostrador. Miré hacia atrás y vi a una pareja con un niño pequeño. Juraría que acababan de aparecer. Me sonrieron y les devolví la sonrisa. Parecía como si los conociera, y parecía que fueran de la India. La mujer se me acercó para preguntarme si la mujer de la foto era india. Le respondí:

—Sí, en realidad es de Kérala. Es una santa.

—Yo también soy de Kérala —me respondió.

—¡Qué bien! Me gustaría aprender malayálam —le dije de inmediato.

—Yo te puedo enseñar —replicó.

Todo ocurrió muy deprisa y sin ningún obstáculo.

La motivación de la mujer no era el dinero, lo cual fue una suerte para mí, porque tenía poco. Quería no solo enseñarme a mí, sino también a otros hijos finlandeses de Amma. La mujer no conocía a Amma. Ahora sí que la conoce y yo estoy aprendiendo malayálam. Ambas creemos que Amma nos unió. Hacernos coincidir en el mismo lugar y a la misma hora, a mí y a una de las pocas personas que hablaban malayálam en Finlandia, solo puede ser obra de Dios.

∿

A menudo me pregunto de dónde viene la dulzura que hace que nos sintamos atraídos por Amma. El otro único lugar en el que he saboreado tanta dulzura es en los puranas[5], especialmente en las historias del Señor Krishna. Poco a poco, observando a Amma, empecé a entender la razón de esa dulzura. Cada acción y cada palabra de Amma, todo lo que tiene que ver con Ella, es dulce por su pureza, amor, altruismo y desapego. Ella sabe expresar todo eso completa y perfectamente. Una vez la vi tomando un pequeño insecto de su regazo con un palito y dejándolo en el suelo con total concentración, paciencia y cuidado. En ese simple gesto, vi la dulzura de su amor a todos y cada uno de los seres de la creación. Igual que el azúcar puede conservar los alimentos, la dulzura de Amma conserva en nuestro corazón los recuerdos de las experiencias que hemos tenido con Ella para que podamos recurrir a ellos una y otra vez y así empaparnos de su verdadero significado.

La siguiente experiencia me mostró que Amma es la que verdaderamente hace todo y es omnipresente. Ocurrió hace

---

[5] Antiguos (tratados de sabiduría): Escrituras del hinduismo que contienen enseñanzas éticas y cosmológicas sobre los dioses, el ser humano y el mundo. Tratan sobre cinco temas: la creación primaria, la creación secundaria, las genealogías, los ciclos temporales y la historia. Hay dieciocho puranas principales.

unos años en Ámritapuri, unos días antes de mi cumpleaños. En aquellos momentos Amma estaba en América del Norte. Ese día yo estaba en la sala de meditación y le dije a Amma, mentalmente, que sería bonito que hubiera *páyasam* (un pudín dulce) para todos los residentes del áshram el día de mi cumpleaños. Normalmente, solo tenemos páyasam cuando alguien hace una donación diciendo específicamente que ese dinero es para que los residentes puedan tomar ese dulce. En la petición le dije a Amma que no me importaba que no hubiera para mí. Después lo olvidé por completo.

El día de mi cumpleaños, no fui a comer. Quedé con unos amigos de Finlandia. Tomamos fruta y cantamos bhajans, y después nos fuimos a bañar. En la piscina le pregunté a otra residente qué había comido. Me dio una respuesta bastante extraña: me dijo que había ido a comer pero que no sabía lo que habían servido. Cuando le pedí que se explicara, me dijo que tan solo había ido al comedor para tomar una ración del páyasam que estaban sirviendo.

Fui enseguida a la cocina y pregunté si quedaba páyasam, pero me dijeron que ya no quedaba. Les pregunté si podían decirme quién había hecho la donación y una brahmachárini me dijo que un hombre mayor, residente del áshram, la había hecho para celebrar su cumpleaños, aunque no fuera ese día. Estaba enfermo, se estaba tratando en el hospital del áshram y quería tener un detalle con los residentes por si no estuviera vivo para su próximo cumpleaños.

Al oírlo me fui directamente al hospital. Le conté al hombre mi petición de páyasam a Amma y se sintió encantado. Aunque no era su cumpleaños, lo había celebrado teniendo ese detalle con los residentes del áshram. Ambos nos sentimos bendecidos por ser los instrumentos de Amma para esa celebración tan dulce. Él falleció unos meses más tarde, y ese fue el único día que tomamos páyasam en todo ese tiempo.

El modo en el que Amma orquestó todo ese episodio me recordó el dicho de que Dios lo hace todo sin hacer nada. Amma hace que actuemos. La experiencia también me enseñó que, aunque no nos demos cuenta, somos instrumentos en las manos de Dios.

Por supuesto, cualquier persona que dude de la divinidad de Amma preguntaría:

—¿Y cómo sabes que fue Amma quien respondió a tu plegaria? ¡Quizás fuera Dios el que respondió!

Y yo le contaría la siguiente experiencia que me hace tener fe en que Dios y Amma son uno:

Una noche, hace muchos años, estaba sentada en la cama de mi habitación, que daba al patio trasero del edificio donde vive Amma. Eran las doce de la noche y Ella estaba sentada en un taburete debajo de un árbol. La rodeaban unos cuantos swamis y brahmacharis. Yo estaba pensando si quedarme o no en el áshram. Llevaba dos años y medio allí, pero ya no me quedaba dinero. Mi corazón estaba lleno de tristeza porque no sabía qué hacer. Mi fe en Amma no era todavía fuerte y por eso me sentía desesperada.

En ese estado de tristeza empecé a rezarle a Dios, no a Amma. En aquella época, antes haber llegado a tener fe en la divinidad de Amma, solía dirigirme a Dios sin ningún nombre, forma o cualidad en especial. Le pedía que me guiara: «Querido Dios, dime qué debo hacer. ¿Dónde tengo que ir si no puedo quedarme aquí? Quiero dedicarte mi vida».

La plegaria venía del fondo de mi corazón. Realmente quería saber cuál era la voluntad de Dios respecto a mi vida. Después de rezar, miré por la ventana y Amma seguía sentada en el taburete, rodeada de swamis y brahmacharis. Me pregunté si Amma sabría que le había rezado a Dios y no a Ella.

Justo al día siguiente alguien me dijo que Amma me estaba llamando, pero cuando recibí el mensaje el darshan ya se había

terminado y Amma había vuelto a su habitación. En el siguiente darshan, fui a verla. Me llamó por mi nombre, me miró a los ojos y me hizo sentir muy cercana a Ella. Entonces dijo:
—¡Tú te quedas! —y siguió con el darshan.
Me pregunté si eso era todo, sintiéndome un poco confusa; pero sí, eso fue todo. Su respuesta lo decía todo. No le había hablado a nadie de mi plegaria. Solo «Dios» sabía mi pregunta exacta y Amma la había respondido.

Amma dice que ese es el poder de las palabras de un *mahatma* (alma con conocimiento): que, pronto o más tarde, se hacen realidad. Mi problema se solucionó y me quedé en Ámritapuri.

He tenido experiencias parecidas de la omnisciencia de Amma. Esas experiencias me han hecho darme cuenta de que Ella, en realidad, lo sabe todo. No somos conscientes que Amma juega un papel en cada situación. Estamos tan atrapados por nuestro discurso mental que no podemos oír la dulce voz de Amma dentro de nosotros. Una vez le recé a Amma antes de dormir y le pregunté por qué no podía verla, no su manifestación física, sino a la Amma real. Mientras dormía, se me apareció bajo la forma de Balagopal, el pequeño Krishna, y se reveló en sus ojos y su sonrisa. Después, Amma vino de otro lugar interrumpiendo esa parte del sueño y dijo:
—Porque siempre estás ocupada con tantas cosas.
Al llegar no empezó diciendo: «*Om namah shivaya*. Sobre tu pregunta de anoche, aquí tienes la respuesta». Solo dijo: «Porque siempre estás ocupada con tantas cosa», y después desapareció. Cuando reflexioné sobre esa visita tan repentina y su respuesta tan directa, no pude dudar de que la respuesta solo podía venir de alguien que conocía todos mis pensamientos y que siempre estaba cuidando de mí, incluso en mis sueños.

Esas experiencias no solo nos hacen darnos cuenta de la omnisciencia y omnipresencia de Amma. Ella no está en absoluto interesada en mostrarnos lo grande que es, porque para Amma no hay un «tú» o un «yo», tan solo el Ser Supremo o la Conciencia Pura o como queramos llamarlo. Amma tan solo está interesada en ayudarnos a progresar en nuestro camino hacia ese conocimiento. Si somos conscientes de la presencia constante de Amma, nos volvemos más conscientes de nuestros pensamientos, palabras y acciones. Acostumbramos a pensar que nadie sabe lo que pensamos o lo que hacemos cuando estamos solos; pero, cuando nos damos realmente cuenta, y no solo superficialmente, cuando tenemos experiencias tangibles de que Amma es omnipresente y que no hay ni un pensamiento que Ella no conozca, inevitablemente bajamos de nuestro trono del «yo» y «lo mío» y nos inclinamos humildemente ante sus pies sagrados. Con las manos vacías delante de Ella esperamos pacientemente a recibir el auténtico páyasam que nos quiere dar: el néctar de la inmortalidad. ¡Que ese día no tarde en llegar para nosotros!

(Marzo de 1997)

Toque mágico

Andrew Bukraba, Australia

Era la noche de un sábado de enero de 1994 en Kérala, al sur de la India. El clima a lo largo de la costa arenosa del Mar Arábigo era cálido y húmedo, pero la refrescante brisa marina contrarrestaba el calor del ambiente. De vez en cuando, los destellos azulados de las luciérnagas gigantes iluminaban la densa oscuridad bajo los cocoteros. Parecía como si quisieran alcanzar las estrellas que llenaban el cielo indio. La atmósfera del áshram estaba impregnada de la presencia de Amma, de su energía divina, mientras daba prasad a todos los residentes en la cabaña de meditación. Una larga cola de personas surgía de la más profunda oscuridad y desaparecía en la luz enmarcada por la puerta de la pequeña cabaña. Todos estaban en silencio, como si estuvieran pensando en el singular privilegio de que les diera de comer la Encarnación del Amor, nuestra querida Amma.

Muy cerca de la cabaña de meditación había un visitante oculto por las sombras de un denso arbusto. Era de Australia y había llegado hacía pocos días. Nunca había estado ni en el áshram ni en la India, pero desde el primer momento sintió que esa era su casa. Esa misma tarde le habían dicho que los sábados por la noche Amma daba prasad a los residentes que ayunaban ese día. Se dio cuenta de que no podía unirse a los demás, porque ni era residente ni había ayunado ese día. Su estado emocional era tal que le parecía una tragedia casi insoportable. En esos momentos experimentaba un gran conflicto interior entre su identificación con la vida del áshram y su condición de visitante. Esa agonía se tradujo en un río de lágrimas incontrolable y todo lo que tenía alrededor dejó de tener sentido e importancia.

Poco después, cuando terminó el reparto del prasad, oyó que recitaban el capítulo quince de la Bhágavad Guita. Aunque no entendía los versos en sánscrito, le resultaban familiares e hicieron disminuir su sufrimiento. De algún modo, la recitación tuvo un efecto calmante sobre su estado. Sonaba como el eco de algo olvidado hacía mucho tiempo.

Los residentes empezaron a marcharse de la cabaña y, de repente, una de las residentes occidentales, a la que conocía de las giras de Amma por Australia, se acercó justo al lugar donde estaba escondido. Por alguna razón, sin mostrar ninguna sorpresa al ver una sombra debajo de aquel arbusto, se sentó como si fuera lo más normal y le preguntó:

—¿Quieres un poco de prasad? Lo podemos compartir.

Tomó un poco con la mano. Estaba tan sorprendido que apenas fue capaz de dar las gracias. Nunca había probado nada tan dulce. Era como néctar del mismo cielo. Sintió como si viniera directamente de la mano de Amma. No podía creer lo que estaba pasando. Parecía la escena final de una obra dirigida por un director invisible.

Pero esa no era la escena final. Unos minutos más tarde vio movimiento entre los residentes del áshram que estaban en la puerta de la cabaña. ¡Amma se iba! El visitante se escondió un poco más entre los arbustos, porque no quería estar en su camino o que lo viera en el estado en que se encontraba. Se asombró al ver que Amma se dirigía directamente hacia él, que estaba agotado después de tantas lágrimas y paralizado ante su presencia. No fue capaz ni de postrarse. Se quedó ahí, inmóvil, sintiéndose como un completo idiota. Amma le tocó en el pecho y le masajeó con destreza el brazo derecho. No dijo nada y prosiguió su camino al lado de los árboles de mango. No pudo ver la expresión en la cara de Amma por la oscuridad, pero sintió que había sonreído llena de amor y completamente al tanto de su estado mental.

Su reacción a ese toque mágico fue instantánea. Las sensaciones de encontrase a la deriva, de ser rechazado, no reconocido e inútil desaparecieron de inmediato. Un sentimiento de amor germinó en su interior. Era la dicha de la felicidad y la gratitud por la compasión omnisciente de Amma y por el milagro de que hubiera curado instantáneamente su corazón herido. Ya en calma, meditó debajo de los cocoteros. Las poderosas olas del mar golpeaban la arena de la costa, desvelándole cada ola subconscientemente la verdad sobre su destino: «Om... perteneces a este lugar. Om... ten paciencia. Om... todo ocurre según la voluntad divina. Om... Amma siempre está contigo. Om... Om... Om...»

A principios de diciembre de 1995 un nuevo residente del áshram estaba en la larga cola para recibir, por primera vez, el prasad del sábado de manos de Amma. Estaba completamente concentrado en cada detalle de esa nueva experiencia. Era el mismo hombre que una vez estuvo llorando debajo de un gran arbusto en la oscuridad de la noche, cerca de la cabaña de meditación donde Amma daba prasad. Le llegó el turno y se arrodilló delante de Amma con gran respeto. Ella le sirvió rápidamente el prasad en el plato y lo miró directamente a los ojos. No dijo ni una palabra y sonrió con mucho amor, pero él entendió el lenguaje del silencio: «Ves, todo está bien. Te dije que perteneces a este lugar. Ahora concéntrate en el presente. No pienses en el pasado, ni te imagines el futuro. Haz tu sádhana. No te preocupes por nada. Yo cuidaré de ti. Estoy siempre a tu lado».

Se había cerrado un ciclo. Había ganado una batalla en su lucha por la Libertad. Aunque le esperaban más batallas, ahora ya sabía que no estaba solo. Amma recorre el camino junto a él, paso a paso.

(Diciembre de 1996)

Mensajero misterioso

Satish Kumar V., India

La mecha le preguntó a la vela:
¿Por qué te fundes cuando me quemo?
La vela le respondió:
si los que están en mi corazón sufren,
no puedo evitar llorar.

La noche del 15 de diciembre de 2005 tenía fiebre y dolores por todo el cuerpo. No podía ni caminar. Hablé con el médico del campus, que me dijo que parecía el comienzo de un virus y decidió darme medicación. La tomé y me acosté. El dolor era tan intenso que no se calmaba ni estando tumbado. Empecé a llorar y a gritar:

—¡Amma! ¡Amritéshwari!

Poco a poco, empezó a invadirme una sensación de impotencia total. Me puse a gritar por pura frustración:

—Amma, ¿qué sentido tiene que este pecador siga vivo? No deseo abrir los ojos mañana por la mañana.

Seguí rogándole a Amma que me llevara de esta vida hasta que caí profundamente dormido. A la mañana siguiente, contra lo esperado, el dolor había disminuido en gran medida y ya podía caminar. Me di un baño con agua caliente. Mientras me estaba arreglando recibí un mensaje de texto que decía: «La mecha le preguntó a la vela: '¿por qué te fundes cuando me quemo?' La vela respondió: 'Si los que están en mi corazón sufren, no puedo evitar llorar... Buenos días!'»

Me encantó el tono filosófico del mensaje. No tenía ni idea de quién lo mandaba, porque no conocía el número. Sin embargo, respondí con otro SMS: «Buenos días y gracias por el mensaje».

Por la tarde recibí otro mensaje mientras subía hacia mi habitación. Decía: «La VIDA nunca es como queremos, pero la

VIVIMOS lo mejor que sabemos. No existe la vida PERFECTA, ¡pero la podemos llenar de MOMENTOS PERFECTOS... Buenas tardes!»

Me asombró volver a ver un mensaje tan filosófico y respondí: «Buenas tardes y gracias por sus bondadosas palabras. ¿Me podría decir quién lo manda?»

Al momento recibí una respuesta: «¿No eres Sati? Si no, mis más sinceras disculpas por molestar». No me lo podía creer, solo los mayores de casa me llamaban Sati.

Como no podía saber quién enviaba los mensajes, decidí llamar. Una mujer respondió. Le dije que era yo y le pregunté de qué me conocía. Me respondió:

—¿No eres el que discutió anoche conmigo?

Hablaba inglés con acento extranjero y lo que decía no tenía ningún sentido. En primer lugar, yo había estado en cama toda la noche y, además, había pasado todo el tiempo sermoneando a Amma hasta que caí dormido. Le pregunté a la mujer cómo había conseguido mi teléfono y me dijo que una amiga suya se lo había dado. Me quedé boquiabierto. Le dije que yo no había discutido con nadie la noche anterior. La mujer se disculpó y se despidió.

Deseaba volver a hablar con la mujer para saber más de ella. Le escribí otro mensaje: «Me gustan sus mensajes filosóficos. ¿Qué tal si nos hacemos amigos para intercambiar esa clase de mensajes? Espero que esté de acuerdo». Pero no recibí respuesta. Intenté llamar varias veces al número, sin éxito. «El teléfono al que usted llama está apagado o fuera de cobertura. Por favor, vuelva a intentarlo más tarde». Tras unos cuantos intentos más, dejé de llamar.

A la mañana siguiente, mientras recitaba el *Lálita Sahasranama*, una pregunta me surgió en la mente: «¿No estabas arremetiendo contra Amma la noche del 15 de diciembre? Estabas gritándole, rogándole que aliviara tu sufrimiento». Poco a poco empecé a entender que los mensajes que había recibido al día siguiente no eran más que respuestas a las preguntas que le había hecho a Amma lleno de furia. Además, esa persona sabía cómo me llamaba mi familia y que había estado enfadado esa noche.

Llamé al teléfono muchas veces, pero siempre recibía el mismo mensaje: «El número al que usted llama está apagado. Por favor, llame más tarde». Y así lo hice hasta que un día recibí otro mensaje: «El número al que usted llama no existe». Desde entonces ese es el mensaje que recibí cada vez que marcaba ese número.

No podía dejar de estar convencido de que la persona que me llamó y me envió esos mensajes era la mismísima Amma. Guardé el número en mi teléfono bajo el nombre «Vállickavu Amma» [6].

(Junio de 2006)

---

[6] Algunos devotos llaman a Amma «Vállickavu Amma», ya que su áshram está en Vállickavu.

La Madre que lo sabe todo

Amit Kadam, India

Amma me ha bendecido con muchas experiencias. Voy a compartir algunas de las que tuve cuando visité el áshram a finales de 2005. Mi madre y yo teníamos previsto salir de casa el 22 de diciembre y volver el 27. Mi mujer, que estaba embarazada, iba a dar a luz alrededor del 14 de enero.

10 de diciembre: Le hicieron a mi mujer la tercera ecografía, en la que se vio que había mucha agua rodeando al bebé y que la cabeza era más grande de lo que debería. Era la semana treinta y dos de embarazo y el tamaño de la cabeza se correspondía con el de la semana treinta y ocho. El médico dijo que el bebé se adelantaría y nacería entre el 22 y el 24 de diciembre. Añadió que tendríamos que realizar otra ecografía el 19 de diciembre para programar la cesárea. Eso significaba que tenía que cancelar mi viaje a Ámritapuri. Justo antes de cancelarlo puse la mano sobre el vientre de mi esposa y le recé a Amma: «Si realmente escuchas a tus devotos, lo solucionarás y me permitirás ir a tu lado». Consolé a mi mujer y le dije que todo iría bien por la gracia de Amma.

19 de diciembre: En la ecografía se vio que la cabeza del bebé había dejado de crecer y que el nivel de agua estaba bajando. ¡Empezaban los milagros! Fuimos al médico con los resultados y nos dijo que no programaría la cesárea hasta el día 27 (el día que teníamos pensado volver de Ámritapuri). Vería a mi mujer el día 26 para comprobar si podría realizar la cesárea el día 27. ¡Amma me había allanado el camino para ir a visitarla!

25 de diciembre, Ámritapuri: Nos dijeron que Amma había regresado cerca de las dos de la mañana de Chennái. Yo estaba muy emocionado y ya había decidido ayunar hasta que Amma me diera el darshan. Me fui a hacer seva a la cocina y a ayudar en cualquier cosa que pudiera hasta el darshan. Mi madre me dijo que la gente decía que Amma no daría darshan ese día y que no valía la pena ayunar; sin embargo, decidí mantener mi intención. A medida que avanzaba el día, el trabajo en la cocina era cada vez más intenso. Mientras trabajaba, le recé a Amma: «Eres el Poder Divino omnisciente. Me puedes dar darshan si así lo deseas. He venido desde muy lejos. Por favor, no dejes que me vaya sin tu darshan. Mi billete de vuelta es el 27. Por favor, dame tu darshan».

Más tarde nos dijeron que había periodistas de la radio de la BBC que habían venido para entrevistar a Amma. Todas mis ilusiones sobre el darshan se desvanecieron. Los periodistas vinieron a la cocina a entrevistarnos. Pensé que me iban a entrevistar, pero entrevistaron a una sola persona y se marcharon. Esperé fuera de la cocina un buen rato por si podía ver la divina forma de Amma en caso de que bajara. Mientras esperaba, pensé que sería mejor cambiarme de camisa. Era blanca, pero ahora estaba manchada de comida. Me fui a la habitación a cambiarme y, al volver, me dijeron que los periodistas iban a subir a la habitación de Amma. Me sentía desalentado al pensar que no había tenido la suerte de recibir el darshan de Amma.

Me puse a hablar con los guardias de seguridad sobre la buena suerte de los periodistas. En ese momento, un periodista bajó y pidió sillas. Rápidamente, tomé unas sillas y le dije al guardia que iba a subirlas a la habitación de Amma. La puerta estaba abierta y Amma estaba sentada en una silla. Fui tan feliz al verla que ya no necesitaba nada más. ¡Ese era el darshan que había estado deseando! Sin embargo, ocurrieron más cosas. Alguien en la habitación me dijo que dejara las sillas fuera, entrara y me sentara. Entré y cerraron la puerta. ¡No me lo podía creer!

Estaba sentado en la habitación de Amma, cerquísima de su cautivadora presencia. Me eché a llorar y deseaba besarle los pies, pero me controlé. Estuve durante una hora o dos allí sentado contemplando a Amma, completamente ajeno a los periodistas y a lo que preguntaban. Mi estado de dicha era indescriptible.

Cuando terminaron la entrevista, Amma dio prasad a todos los presentes. Yo también quería recibir prasad de la mano de Amma, pero no me atrevía a pedirlo. ¿Y si Amma me preguntaba quién era? ¿Qué le diría? No era ni periodista ni brahmachari. En ese momento Amma me miró y me ofreció prasad. No pude mantener el control por más tiempo. Caí a sus pies y rompí a llorar. Besé sus pies divinos y permanecí así un minuto. Amma esperó a que me levantara. Entonces me abrazó y me preguntó por qué lloraba. Le conté todo lo que había ocurrido. Los periodistas que estaban allí se quedaron boquiabiertos, pues le habían estado preguntando a Amma sobre Dios y los milagros. Amma me dijo que no tenía que haberme preocupado, porque Ella tenía pensado dar darshan de todas formas. Me dio una manzana y me dijo que me la comiera. ¡Seguro que Amma sabía que no había comido nada en todo el día!

Después del darshan bajamos y los periodistas me entrevistaron. Quizás fue por eso por lo que Amma me había hecho cambiarme la camisa. Seguramente no quería que me encontrara en esa situación con una camisa sucia. Amma lo hace todo. Ella solo quiere que lo dejemos todo en manos de Dios.

26 de diciembre: De nuevo estaba trabajando en la cocina y oí que Amma iba a dar darshan a los que se marchaban ese día. Fui a la sala y me senté justo delante de Ella. Cuando me tocó el turno, le hablé a Amma del embarazo de mi mujer y de las complicaciones. Me puso la mano sobre la cabeza, me bendijo y me pidió que no me preocupara. Esa misma noche, mi mujer me llamó. Me dijo que todo iba bien, que me relajara y que disfrutara de mis días en el áshram. Me dijo que el médico le había dicho que la cesárea estaba programada para el día 4 de enero de 2006[7].

Cuando terminó el darshan, Amma pidió que todos rezáramos por las almas que el tsunami se había llevado un año antes. Íbamos a ir andando en procesión a un lugar que estaba a dos kilómetros del áshram. Había estado ayudando a otro devoto a limpiar el suelo de la entrada de la habitación de Amma. Decidimos llevar la silla de Amma y otras cosas necesarias al lugar al que íbamos. Vi unos abanicos que se utilizaban para abanicar a Amma y pensé que sería una suerte si tuviera la oportunidad de abanicarle. Le pregunté al devoto si podía llevar también los abanicos y me dijo que sí.

Cuando llegamos al lugar, una de las devotas me dijo que no valía la pena haber traído los abanicos porque había brisa. Me dijo que la gente se reiría si me veía con esos abanicos en la mano. Me quedé un poco decepcionado; sin embargo, le respondí:

—Que sea Amma la que decida si quiere que la abanique o no.

Un poco más tarde llegó Amma, plantó un par de arbolitos y, después, se sentó en la silla que le habíamos llevado. Entonces me sorprendió mirándome y diciéndome que la abanicara. ¡No me lo podía creer! Solo alguien divino puede conocer los deseos más íntimos de una persona. Me quedé tan sorprendido que, cuando Amma se volvió otra vez para darme el micrófono para cantar, no reaccioné. Intentó darme el micrófono dos veces, pero seguí sin poder reaccionar. Estaba desbordado por su gracia.

(Abril de 2006)

---

[7] Por la gracia de Amma, mi mujer dio a luz a un bebé sano el 4 de enero.

Protección divina

N. Vasudevan, Nigeria

La fe escapa a toda lógica. Cuando se tiene fe, las coincidencias se convierten en milagros. Si no se tiene, hasta el milagro más grande que le pueda ocurrir a uno es una mera coincidencia. La fe nos abre los ojos a los milagros.

Desde que Amma llegó a mi vida y a la de mi familia, hace unos veinticinco años, han ocurrido una serie de acontecimientos en los que al principio no veía nada fuera de lo común. Me gustaría contar solo tres ejemplos que no pueden, bajo ningún concepto, considerarse meras coincidencias.

Llevo casi cuatro décadas viviendo en África. El primer darshan lo recibimos en Boston (Estados Unidos) hace unos veinticuatro años, cuando fuimos para hacer la matrícula del colegio de mi hijo. Yo no estaba interesado en recibir el darshan, pero al final acepté tras la insistencia de mi mujer. Desde entonces hemos sido devotos.

En 2003, mientras estaba en la India en un viaje que no estaba programado, fui a Ámritapuri para recibir el darshan, pero Amma no estaba allí. Si quería verla tenía que retrasar mi vuelo a Nigeria cuatro días y me sentía reticente. Tras bastante indecisión, decidí quedarme y recibí felizmente el darshan. Un día antes de partir me llamaron de Nigeria para decirme que un grupo de ladrones había entrado en mi complejo residencial, había matado a un guardia de seguridad, agredido a todos los residentes y saqueado todas sus pertenencias. También habían entrado en mi apartamento, aunque los daños no eran importantes. Tuve mucha suerte de no haber estado allí. Me sentí aliviado, pero nunca llegué a creer de verdad que hubiera una fuerza invisible protegiéndome.

En septiembre de 2007 estaba en la India de vacaciones. Como no pude confirmar mi vuelo a Lagos a tiempo, tuve que esperar una semana más, porque tres días por semana no había vuelos directos y ya no quedaban plazas. En lugar de salir el 8 de septiembre salí el 13, lo que me molestó y me enojó enormemente. La noche del 12 de septiembre recibí una llamada de un compañero de trabajo. Me dijo que la noche anterior, debido a un problema eléctrico, se había incendiado el aparato de aire acondicionado de mi habitación y el fuego había arrasado todo el apartamento. Al ser de noche, el fuego y el humo no se detectaron hasta mucho más tarde y se pudo hacer poco. Me dijeron que había tenido mucha suerte de no estar en casa porque, antes incluso de encontrarme con el fuego, habría inhalado el humo y no habría sobrevivido. Todos me hablaban de mi buena suerte, aunque para mí no había nada fuera de lo normal.

Todas mis pertenencias se redujeron a cenizas excepto tres cosas, que se encontraron intactas en el suelo:

1. Había una imagen del Dios Gánapati, el que elimina los obstáculos, en una estantería de madera que se quemó en su totalidad, quedando la imagen completamente intacta a excepción de una ligera quemadura en una esquina.

2. Una foto de Amma que había colgada en la pared, que solo tenía una pequeña mancha de humo.

3. Un ejemplar de la revista *Mountain Path*, que tenía la foto de Rámana Maharshi en la portada y que se encontraba en la parte superior de un estante de libros.

Algunos dicen que seguramente fue el viento el que tiró esos objetos al suelo. Sin embargo, eso no explica por qué no se salvó ningún otro objeto. ¿Cómo es posible que se quemara todo lo que había en la estantería de madera, incluida la estantería misma, excepto la imagen del Dios Gánapati?

El tercer suceso, que ocurrió en 2013, me llevó a creer que los sucesos anteriores no habían sido una mera coincidencia.

Tenemos fábricas en una ciudad que se llama Ibadán, que se encuentra unos seiscientos metros sobre el nivel del mar. Los apartamentos de los trabajadores están sobre una colina, dentro del complejo de la fábrica. Mi apartamento está en el último piso, en la segunda planta. Voy a Ibadán cada dos meses y paso allí una semana trabajando. Era la semana del 16 de febrero de 2013 y me iba a quedar cuatro días con sus noches. A eso de las once de la noche del día 16 hubo una gran tormenta con rachas de viento muy fuertes y a la altura a la que nos encontrábamos el vendaval era particularmente violento. Casi no podía ver nada en el exterior, porque las nubes eran muy oscuras, pero podía oír caerse los árboles. El ruido era cada vez mayor. Parecía que hubiera veinte trenes pasando por delante de las ventanas. No tenía cobertura en el móvil. Intenté abrir las ventanas correderas, pero fue imposible por la fuerza del viento en dirección opuesta. Pronto empecé a oír ruido de tejados desplomándose y rocas cayendo. Intenté abrir la puerta de la habitación, pero se había atascado. Después de intentarlo con un gran esfuerzo y de rezar desesperadamente, pude abrirla haciendo palanca, para descubrir que el tejado de la habitación contigua había desaparecido y que mi habitación se estaba inundando. El resto de la casa ya había perdido todo el tejado y estaba a cielo abierto bajo el aguacero. Había cables eléctricos por todas partes. Mi única opción era hacer frente al agua e intentar llegar a la planta baja para que alguien me ayudara a cortar la luz y esperar a que amaneciera.

Los daños eran enormes. Todo el tejado y las vigas de hormigón que lo sujetaban, excepto los de mi habitación, habían caído. Cuando vinieron los arquitectos e ingenieros de construcción, dijeron que tardarían como mínimo tres semanas en arreglar los desperfectos y que el tejado de mi habitación se podía caer en cualquier momento. Me aconsejaron que la desalojara inmediatamente. Tenía trabajo que hacer y me sentía más cómodo en aquella habitación, así que, pensando que solo estaría tres días y que la lluvia había cesado, decidí quedarme diciendo que lo peor ya había pasado. Me subían la comida y cenaba a la luz de una vela, a cielo abierto.

Mi testarudez causó sorpresa, malestar y enfado entre mis compañeros de trabajo. No sé qué hizo que me quedara en aquella habitación; quizá mi ignorancia, mi estupidez o simplemente el hecho de que allí estaba más cómodo. Por la mañana mis compañeros venían a comprobar el estado del tejado para ver si todo estaba bien y si seguía vivo.

Al cuarto día, después de terminar el trabajo en Ibadán, me fui a Lagos. A la mañana siguiente me llamaron de Ibadán y me dijeron que el tejado y las vigas de hormigón de mi habitación se habían caído durante la noche.

Nadie se explicaba cómo había podido aguantar el tejado durante cuatro días hasta que me fui y por qué se cayó después de que me marchara, si ya no había llovido más. Les dije que tenía un paraguas divino que, aunque no me lo mereciera, me protegía del peligro.

Mis compañeros, que mayoritariamente son musulmanes chiitas del Líbano, ahora conocen a Amma. Han visto su foto y me han oído hablar de Ella. Aunque no han mostrado devoción por Ella, siempre que hay un problema, enseguida me dicen: «¿Por qué no le preguntas a Amma sobre este tema? Seguro que nos puede ayudar» Con esos inocentes comentarios, he empezado a darme cuenta de que el alcance de Amma es mucho mayor de lo que nunca hubiera imaginado. Su amor es tal, que incluso emana de su foto y toca la vida de todos aquellos que entran en contacto con Ella. Que la protección de Amma nos bendiga a todos.

(Octubre de 2016)

Mata Pita Press

Lálita Unni, India

Ámmuma[8], como se la conoce en Ámritapuri, se sienta en la terraza del edificio Amritánjali con una benévola sonrisa en su dulce cara. Antes era devota de Sai Baba y había recibido su mantra, así que, cuando Ámmuma le pidió un mantra a Amma, Ella le dijo que siguiera recitando el que ya tenía.

Antes de llegar al áshram, Ámmuma había tenido muchas experiencias espirituales, como oír la flauta de Shri Krishna. Sin embargo, Amma le dijo que se concentrara más en la Parashakti[9] y que no diera importancia a las experiencias.

Mirando a Amma durante los darshan de Devi Bhava, a menudo la veía transformarse en la terrorífica forma de Kali. En cuanto Amma veía que Ámmuma se sentía incómoda, revelaba su sonriente forma de Krishna y terminaba el Devi Bhava. Muchas veces se sentaba detrás de Amma los días de Devi Bhava y veía un rayo de luz cegadora muy cerca de Ella. Si se quedaba dormida durante el árchana, Amma la despertaba de algún modo, dándole un pellizco o haciendo ruido.

El marido de Ámmuma, Achchan[10] (así se llamaba), creía más en la meditación que en el árchana. Él también tenía una gran fe en Amma. Un día, después de venirse a vivir al áshram, se dio cuenta de que no podía mover bien las manos. Cuando se lo contó a Amma, Ella le dijo que su problema no estaba en las manos, sino en el cerebro. Después de examinarlo, los médicos le dijeron que tenía un pequeño tumor en el cerebro y, por ello, con el paso del tiempo su cuerpo se quedó paralizado. Estuvo tres meses postrado en cama, durante los cuales Amma nunca

---

[8] Abuela en malayálam.
[9] Poder Supremo, encarnado en la Diosa.
[10] «Padre» en malayálam.

dejó de preguntar por su salud. También le dijo a Ámmuma que le leyera continuamente el *Bhágavatam*[11]. Unos minutos antes de que muriera, Amma fue personalmente a su habitación y le vertió un poco de agua sagrada del Ganges en la boca. Un buen amigo de Achchan, el señor Nair, había muerto solo unos días antes. Amma dijo que el señor Nair había estado esperando a Achchan para irse con él. También dijo que, cuando Acchan expiró, alcanzó el moksha. Ella misma le cerró los ojos y colocó el cuerpo en la dirección correcta. Mirando por la ventana, dijo:

—Míralo, ¡cómo se ríe ahora! Se ha liberado del ego y ahora ya conoce la verdad.

Amma dijo que estaba hablando con Acchan en su corazón. Pidió que lo vistieran con la túnica ocre de sannyasi (monje ordenado) antes de que se lo llevaran para realizar los últimos ritos. Con todas las bendiciones de Amma, Ámmuma no sintió pena alguna después de la muerte de su esposo.

Cuando Amma volvió a la habitación, Ámmuma no tenía nada que ofrecerle, así que se fue corriendo a la habitación de al lado y trajo un poco de leche y pastelillos que Amma repartió como prasad entre todos los presentes. La visita de Amma y sus palabras de aliento convirtieron la muerte en una celebración.

Ámmuma recuerda otro acontecimiento. Había una mujer brahmán que hablaba tamil y que venía a su casa cuando era *dwadashi*[12] y aceptaba la comida que ella le ofrecía. Sin embargo, esa mujer nunca comía dentro de la casa ni entraba en ella. Siempre se sentaba en la terraza. La mujer era analfabeta y no hablaba ningún otro idioma.

Ámmuma, muchos años antes de conocer a Amma, contrajo una gran aversión a la realización de las tareas domésticas. Tan

---

[11] También conocido como el Shrímad Bhágavatam o Bhágavata Purana (que significa «Historias Sagradas del Señor Supremo»), uno de los textos puránicos del hinduismo. Contiene historias de Vishnu, además de la vida y los pasatiempos de Krishna.

[12] El duodécimo día de la quincena oscura o brillante de cada mes lunar.

solo quería leer libros espirituales o escuchar y bailar bhajans. Era tan infeliz con su suerte que incluso había escrito una carta y la guardaba en el altar detrás de la imagen de Devi. En la carta le preguntaba a Devi: «¿Qué debe hacer una mujer casada si no quiere realizar ninguna tarea doméstica? Su corazón está lleno de *bhakti* (devoción) y solo quiere rezar». Sentada en la terraza, Ámmuma lloraba y pedía:

—¡Oh, Amma Parashakti, responde mi pregunta!

Se quedó atónita cuándo la brahmana, de repente, salió de dentro de su casa y empezó a hablar del *stri dharma*, el deber de la mujer. Sin embargo, a Ámmuma no se le ocurrió preguntarle nada a la mujer en aquel momento. Esta se puso a hablar sin más preámbulo. Dijo que una mujer pura traía santidad a la casa. Además, una mujer casada no puede sostener a Dios con ambas manos: una mano es para Dios y la otra es para el karma. El deber de una mujer es tratar siempre bien a su marido, recibirlo con una sonrisa cuando vuelve del trabajo y darle algo de beber. La mujer no debe quejarse del marido a nadie. Mientras la brahmana hablaba, un mendigo se acercó a la puerta. Ámmuma se levantó y le dio de comer. La brahmana se alegró mucho y dijo:

—Ese también es el deber de un ama de casa, tratar a los mendigos como si fueran Dios.

Entonces la brahmana empezó a hablar de la relación *guru-shishya* (Maestro-discípulo). Contó una historia sobre un discípulo que a menudo mendigaba para dar de comer a su guru y, como resultado, obtuvo muchos poderes ocultos. El shishya se volvió egocéntrico y empezó a ignorar a su guru. Cuando volvió a salir a mendigar vio que toda la leña se había vuelto de metal. Muy preocupado, volvió al guru y éste le dijo que su ego era lo que había causado esa desgracia.

Cuando terminó el discurso, la brahmana se fue, y al día siguiente volvió para pedir comida. Ámmuma se quedó un poco sorprendida puesto que aquella mujer no había comido nunca antes en su casa. Sin embargo, estaba muy contenta y le dio mucha comida. Esa vez la brahmana le preguntó si tenía un ejemplar del Devi Mahátmyam[13]. Cuando Ámmuma le dijo que no, la mujer se marchó diciendo que le traería un ejemplar al día siguiente. Fiel a su palabra, le trajo el libro a Ámmuma y le pidió que leyera sin falta cuatro estrofas cada día. Ámmuma lo hizo así y se quedó con el libro. Un día lo perdió en un hospital cuando la iban a operar. Intentó encontrar otro ejemplar, pero no lo consiguió porque ni la imprenta (Mata Pita Press) ni el editor (Govindan Nambúdiri) existían.

Unos días más tarde, la brahmana fue a casa de Ámmuma y se molestó mucho cuando ella le preguntó por sus anteriores visitas. Negaba completamente haber visitado la casa antes y, cuando Ámmuma le ofreció té, lo rechazó. Solo entonces Ámmuma pudo encajar todas las piezas del puzle: comprendió que la que la había visitado no era otra que la mismísima Parashakti.

Años más tarde, cuando conoció a Amma, se dio cuenta de que Amma era la Parashakti a la que llevaba tanto tiempo adorando. Las continuas referencias de Amma al stri dharma en sus discursos reforzaron su sospecha.

Ahora Ámmuma se sienta cómodamente en la puerta de su habitación, escuchando los discursos y los bhajans, tranquila por la idea de encontrarse en los brazos de Amma y relajada en compañía de sus hijos y nietos. Todos están allí, instalados permanentemente en el áshram; tres generaciones de devotos de Amma, todos ellos con una amplia sonrisa de felicidad en la cara.

(Noviembre de 2013)

---

[13] Setecientas estrofas que glorifican a la Madre Divina.

Ungida de amor

Sharadamani, India

Nací en una familia de devotos de Shri Ramakrishna Paramahamsa y, como era natural, ya desde niña me empapé de sus enseñanzas. Leía sus libros una y otra vez y me sentía triste por no haber sido contemporánea suya. Cuando conocí a la persona que me habló de Amma, de sus éxtasis divinos, los milagros que había hecho y cómo había sanado las heridas de un leproso lamiéndolas, no me sorprendió mucho. Sin embargo, sentí que Amma era un fenómeno extraordinario y le pedí fervientemente a Ramakrishna Paramahamsa que arrojara luz sobre ese prodigio: ¿era o no una encarnación divina?

Poco tiempo después encontré un libro sobre Amma, *Yagna Prasádam*, escrito por Ottur Unni Nambúdiri, el autor del *Ashtóttaram* (ciento ocho nombres) de Amma. En él decía que Amma representaba en Ámritapuri el mismo drama divino que Shri Ramakrishna Paramahamsa y Shri Shárada Devi, su consorte, habían representado en Dakshinéshwar más de cien años antes. Al leerlo sentí que tenía que conocer a Amma inmediatamente.

Mi marido y yo fuimos a verla y nos pusimos en la cola del darshan. ¡Imaginad mi sorpresa cuando alguien vino a reorganizar la cola y nos vimos, de repente, de pie delante de Amma! Aquella primera vez delante de Ella me derrumbé y lloré, incapaz de contener el torrente de lágrimas. ¿Cómo se puede explicar la presencia de Dios, el estado de dicha que late en el corazón cuando finalmente alcanza su objetivo? Me dije: «Ahora soy una hija de Amma».

Cuando Shri Ramakrishna Paramahamsa estaba a punto de dejar su cuerpo mortal, al ver el dolor de sus devotos les prometió que volvería a un lugar rodeado de agua, al cual acudirían muchos devotos vestidos «de blanco» y que allí completaría su misión divina. Yo estaba completamente convencida de que Amma era, de hecho, Ramakrishna Paramahamsa y Shárada Devi combinados, y esa convicción me unió a Ella con mucha más fuerza. Mi hijo mayor entró en el áshram como brahmachari cuando había escasez de comida, agua y espacio para dormir. Por eso él, que nunca había pasado hambre, estaba en los huesos. Mi mente no dejaba de atormentarse y tomé un libro de Amma. Tenía la costumbre de abrir al azar una página para encontrar la solución a mis problemas. Estas son las palabras con las que me topé: «Mis hijos deben estar delgados, con el vientre plano. Solo así brillará su cara y tendrán el semblante de leones valientes. Su dicha espiritual interior tiene que reflejarse en su rostro». Se me paró el corazón. ¡Qué bendición tener un hijo así! Y así es como Amma cortó el vínculo de apego que tenía con mi hijo. Pude ver con claridad que él era hijo de Amma.

En 2001, mi hijo menor, Sudip, tuvo un accidente e ingresó muy grave en el hospital AIMS. Yo terminaba mi seva en el áshram por la tarde y por la noche iba a visitarlo. Al tercer día, los brahmacharis que lo cuidaban se dieron cuenta de que la parte superior de la cabeza se había vuelto blanda. Cuando le pasé los dedos por la cabeza, vi que tenían razón. Llamamos a los médicos inmediatamente y nos dijeron que lo más probable era que tuvieran que operarle el cráneo urgentemente.

Cuando volví al áshram lloré hasta que me quedé dormida, rogándole a Amma que interviniera. Tuve un sueño muy vívido. Estaba de pie frente a un templo de Devi y mientras esperaba las puertas del sanctasanctórum permanecían cerradas. De repente, las puertas se abrieron y un *pujari* (sacerdote) salió y me vertió ghi líquido en la coronilla. La experiencia fue tan real que podía sentir el ghi incluso mucho después de despertarme. Pensé que era un mensaje de Amma, aunque no fui capaz de descifrar el significado. No se lo conté a nadie.

Como de costumbre, fui a hacer la seva por la mañana y al hospital por la noche. Mi hijo y la persona que cuidaba de él estaban muy felices. El cuidador dijo:

—Ayer ocurrió algo maravilloso. Tócale la cabeza ahora: otra vez está dura, no blanda como ayer. Amma llamó anoche y preguntó: «¿Cómo está Sudip?» «No hace falta operarlo», respondió cuando le conté lo que los médicos habían dicho, y me pidió que le pasase el teléfono a Sudip. «¿Cómo estás?», le preguntó. «No te preocupes, Amma está contigo. Te mando muchos besos».

A la mañana siguiente un equipo de médicos llegó a las nueve y uno tras otro buscaron la parte blanda de la cabeza. ¡No había ni rastro! La cabeza de Sudip estaba completamente dura. Cuando los médicos se fueron les conté a todos mi sueño.

Me gustaría contar algunas de las ocasiones en las que Amma ha cumplido los deseos de mi corazón.

En mi jardín había un gran árbol de jaca que daba excelentes frutos. Un año arranqué tres de los más grandes para dárselos a Amma ese fin de semana, pero mi hijo se puso enfermo y tuve que cancelar la visita al áshram. Me quedé muy desconsolada. Lloré mucho y me dije: «Amma tiene tantos hijos que, ¿cómo se va a preocupar por mí y mi insignificante regalo?».

Mientras lloraba, un coche se paró en seco delante de nuestra casa. Un conocido salió del coche y dijo:

—Voy de camino al áshram y, de repente, he sentido la necesidad de parar y preguntarte si quieres venir conmigo.

¡Amma había escuchado mi plegaria!

Me di cuenta de que Amma no puede ver llorar a sus hijos. Si yo no podía ir a llevarle la fruta, Ella venía a recogerla. Fui a por el regalo y lo cargué en el coche.

En los primeros años del áshram, el árchana de la mañana se hacía en el *kálari*, donde Amma daba los darshan de Devi Bhava y de Krishna Bhava. La brahmachárini doctora Lila (ahora Swámini Atma Prana) dirigía el árchana y el resto respondía. Un día se puso a toser mucho y se volvió para pedirle a la mujer que había detrás que la sustituyera. La mujer no quiso y la brahmachárini Lila tuvo que seguir con gran dificultad. Yo quería sustituirla, pero no me atreví a pedírselo. No le conté a nadie mi deseo. Imaginad mi sorpresa cuando la brahmachárini Lila vino corriendo al día siguiente a la sala de meditación, donde estábamos todos sentados, y me dijo:

—Amma quiere que hoy guíes el árchana.

«¿Yo, una simple ama de casa dirigiendo la recitación del árchana?», pensé.

Más tarde me enteré de que Amma había bajado de su habitación y había estado escuchando un rato mientras yo guiaba la recitación.

Son innumerables las veces que Amma ha mostrado que se ocupa, que conoce cada uno de los pensamientos que cruzan por la mente de sus hijos y que siempre está dispuesta a cumplir todos esos pequeños deseos que nos mantienen alejados de los problemas y nos acercan más a Ella.

(Marzo de 2016)

Gracia salvadora

Amma me curó

Yusuf Husayn Abdullah, Reino Unido

Yo era hijo único, criado en la zona más pobre de Mánchester, en Inglaterra, por mi padre turco musulmán y mi madre, descendiente de ingleses e irlandeses y católica romana. Mi padre era muy estricto y prohibía cualquier muestra de fe católica en casa. También era alcohólico, lo que provocaba a menudo peleas y violencia doméstica, haciéndonos la vida imposible. Por eso, pasé la mayor parte de la infancia en la calle.

En una ocasión mi padre lastimó seriamente a mi madre en una de sus borracheras. Aunque entonces solo tenía cuatro años, pensé que no podía quedarme de brazos cruzados, pero al intentar defenderla mi padre empezó a golpearme y acabó lanzándome contra la pared con tal fuerza que me causó graves lesiones. Desde aquel día sufrí ataques epilépticos, en los que además tenía crisis de asma. No podía espirar, solo inspirar, por lo que me ponía completamente azul. Me tenían que hospitalizar y la medicación solo acortaba la duración de los ataques, no los resolvía definitivamente.

La gracia de la Madre no brilló en mi vida hasta que tuve treinta y un años (al menos, que yo me diera cuenta). Me había alistado en el ejército iraní y el día después de recibir mi primer cargo, al que tenía que acudir en dos semanas, decidí hacer un pequeño viaje por Europa. Un amigo me aconsejó ir al Centro de la Unidad de Brienz (Suiza) para pedir información sobre una tesis doctoral de Filosofía. Lo que no sabía era que la Madre llegaría a ese mismo centro mientras yo estaba allí. Naturalmente, mi curiosidad por la santa hizo que quisiera verla.

En aquel momento no pensé en que la Madre se convertiría en mi guru, pero mi primer darshan cambió completamente el rumbo de mi vida. Cuando me levanté del abrazo lleno de amor divino de la Madre, me sentía como embriagado, sin fuerza en las piernas y mareado. Mi visión era borrosa. ¡De hecho veía mejor con los ojos cerrados! Podía ver lo que solo puedo describir como los cuerpos de luz de todos los que estábamos allí, con puntos de luz dentro de cada cuerpo. También podía ver claramente el aura de todos con los ojos cerrados. No tenía ni idea de lo que me estaba pasando.

Cuando volví a Inglaterra decidí no servir en el ejército iraní. Tomé la maleta que me habían dado con el uniforme, instrucciones, etc. y la dejé en la mezquita chiita principal de Londres. Todavía no podía explicarme lo que me había pasado con Amma, aunque, en un intento de querer entenderlo, le describí la experiencia a un amigo musulmán al que respetaba mucho. Me dijo que un jinn me había hecho un conjuro de magia negra. Eso no me parecía real, pero me provocó una cierta reticencia sobre la Madre, por lo que decidí olvidarme de ella. Sin embargo, pronto descubrí que olvidarse de la Madre no era nada fácil.

Unos meses más tarde tuve un sueño extraordinariamente vívido. En el sueño viajaba en tren a una mezquita en la que rezaba y después me sentaba a leer el Corán. Cuando terminé el primer capítulo levanté mis cansados ojos y vi sobre mí a un ser hermoso y luminoso, una mujer divina que irradiaba la más pura de las luces. Llevaba un sari rojo y una brillante corona.

No podía creer lo que estaba viendo. Era tan vívido que no parecía un sueño. La Madre tenía seis brazos y estaba sonriendo. Su mano izquierda inferior tenía el símbolo de OM y con ella me indicaba que me acercara. Entonces sentí como si tiraran de mí con fuerza, como con una cuerda. Me caí de cabeza y, en ese momento, tuve la sensación de volver repentinamente a mi cuerpo. Era como si en mi sueño me hubiera salido literalmente del cuerpo. Entonces me desperté.

Ese «sueño» me hizo pensar que me estaba volviendo loco, así que pedí cita con el psiquiatra. Sin embargo, él me dijo que llevaba muchos años estudiando experiencias paranormales y que no me tenía que preocupar por el sueño. Por el contrario, dijo que quizás debía hacer lo que se me decía.

Y eso hice. Volví a Brienʒ en 1989 para ver otra veʒ a la Madre. En cuanto salió del coche, me miró y, sonriendo llena de amor materno, le dijo unas palabras al intérprete, que este tradujo para mí:

—La Madre dice que está muy contenta de que hayas podido venir.

Con esas palabras, viendo su sonrisa encantadora, tuve claro que la mujer que estaba delante de mí y el Ser Divino de mi «sueño» eran lo mismo. Darme cuenta de ese hecho era tan impresionante que no existen palabras para describirlo. Rompí a llorar.

Durante mi visita a Brienʒ ese año, la Madre me invitó a ir a su áshram de la India. Pocos meses después estaba en un avión rumbo a mi destino. Tuve muchas experiencias con la Madre desde que llegué; sin embargo, a las cuatro semanas de estar allí la Madre me dio el darshan que cambiaría mi vida para siempre. Me pasó la mano por la espalda de arriba a abajo durante varios minutos. En un momento dado, sentí un poderoso temblor en todo el cuerpo. Desde aquel día, los ataques que había sufrido durante treinta y un años no volvieron a repetirse, ni tampoco las crisis de asma. Y nunca más lo he dudado: la Madre es Devi. ¡Gloria a la Madre Divina!

(Febrero de 1995)

Gracia salvadora

Swapna Dayanandan, Singapur

Somos cuatro miembros en la familia: mis padres, mi hermano menor y yo. Como eran devotos, nuestros padres intentaron inculcarnos desde pequeños la devoción a Dios y el amor y respeto a los mayores. Además, nos mandaban a clases de religión para niños y se aseguraban de que rezáramos en casa todas las mañanas y todas las noches. Sin embargo, nunca tuvimos ninguna experiencia con un maestro espiritual y solo habíamos leído en libros acerca de las historias y las experiencias con los gurus.

Nuestra primera experiencia con Amma, en 1989, fue asombrosa. Mi hermano pequeño tenía quince años por entonces, pero ya desde niño le desagradaba que le abrazaran y se enfadaba cuando alguien lo hacía. Cuando se enteró de que Amma abrazaba a los que iban a recibir su darshan, dudó mucho si quería ir. Tras la insistencia de mi madre, vino con nosotros al darshan, aunque con gran resistencia.

Durante el darshan, Amma lo miró dulcemente y le dijo:

—Cariño, tu madre te ha tenido que convencer para que vinieras a ver a Amma, ¿verdad?

Nos quedamos todos impresionados por la pregunta de Amma, que prosiguió:

—Querido hijo mío, no te gusta por tu edad, pero llegará un día en que desearás tener una oportunidad así (de recibir la bendición de Amma).

Ni mi hermano ni yo entendimos entonces el significado de las palabras de Amma.

En nuestro primer darshan, en 1989, Amma nos conquistó completamente. Su mirada amorosa y su reconfortante abrazo hicieron que nuestros corazones se derritieran y alimentaron nuestra fe en Dios. En aquel momento no éramos conscientes de que Amma es la manifestación del Ser Supremo. Creíamos que solo era una santa o una maestra espiritual. Desde entonces nunca hemos faltado al darshan anual de Amma en Singapur. También empezamos a asistir a las sesiones mensuales de bhajans y, más tarde, a las charlas y bhajans semanales. Empezamos a sentir que Amma nos acercaba más a Ella. Cada año esperábamos impacientes su llegada con más y más anhelo de verla. También empezamos a involucrarnos más en la organización de la celebración de su cumpleaños y sus programas en Singapur.

La visita de Amma a nuestra casa, en noviembre de 1993, se convirtió en una experiencia inolvidable en nuestras vidas. Aquel año, a principios de marzo, también tuvimos la bendición de que el primer sannyasi discípulo de Amma, Swami Amritaswarupanándaji, visitara nuestra casa.

El Año Nuevo de 1995 empezó con la pequeña fiesta habitual con amigos de la familia. Poco podíamos imaginar entonces lo que el destino nos reservaba. Sin la gracia de Amma, el año 1995 solo hubiera traído oscuridad a nuestras vidas.

En la primera semana de enero de 1995 le diagnosticaron epilepsia a nuestra madre. El neurólogo le recetó unas pastillas que tomó durante doce días. Al décimo día de tomar la medicación contrajo la gripe, lo que coincidió con el descanso de nuestro médico de familia, por lo que fuimos a otro médico que también era amigo de la familia. Como nunca había tenido alergia a ningún medicamento, le recetó unos antibióticos que no había tomado anteriormente.

Mi madre empezó a vomitar sangre en la mañana el duodécimo día tomando esa medicación. Mi padre estaba saliendo hacia el trabajo y yo estaba a punto de irme a la universidad. Mi madre volvió a vomitar sangre y cayó al suelo inconsciente.

Mientras los médicos atendían a mi madre, pensé: «Amma, ¡qué grande es tu gracia! Si esto hubiera pasado después de que mi padre y yo hubiéramos salido de casa, la situación de mi madre no tendría remedio».

Durante los primeros cinco días los médicos dijeron que la situación de mi madre era inestable, porque no estaban seguros de si había lesiones internas. Más tarde, un médico nos explicó que mi madre había contraído una grave alergia conocida como el síndrome de Steven-Johnson, con una tasa de mortalidad del 70%. La medicación para la epilepsia leve, que había causado la reacción alérgica, contenía mucho sulfuro. Por desgracia,los antibióticos habían agravado la situación. Una vez recuperados, el 50% de los pacientes se quedan completamente ciegos y el 40% sufren problemas renales. El pronóstico era tan desolador que empecé a desanimarme, y mis esperanzas de volver a verla bien y con vida disminuían cada día. Parecía una paciente con quemaduras de tercer grado. Tenía úlceras en los labios y en todo el estómago. Estuvo con gotero casi dos semanas. Durante los siguientes dos meses su dieta consistió únicamente en comida completamente triturada. Los médicos tenían miedo de que las grandes ampollas que cubrían su cuerpo reventaran en cualquier momento y se quedara en carne viva. Eso le hubiera causado a mi madre un dolor indescriptible y la habrían tenido que cubrir con sábanas de plástico. Me estremecía solo de pensarlo. Toda la familia se sentía descorazonada y le rezábamos a Amma con fervor para que derramara su gracia sobre nuestra madre.

Todos los devotos del sátsang de Amma rezaron por nosotros. Nos ayudaron de muchas maneras en esa época de gran sufrimiento: nos acompañaban en el hospital, nos consolaban con sus palabras y, lo más importante, rezaban por la recuperación de mi madre.

Las intensas plegarias de todos allanaron el camino para que ocurriera un milagro, y ocurrió por la gracia de Amma. Durante una noche de darshan en el áshram de Thiruvananthapúram, Amma le pidió a uno de los residentes del áshram que llamara a Rajan Menon, en Singapur (cuando Amma está en Singapur, se hospeda con el señor y la señora Menon y su familia). Amma quería saber si todo iba bien por Singapur. Rajan Menon le dijo al residente del áshram que mi madre se encontraba muy mal y que le diera el mensaje a Amma. Desde aquel día todo empezó a ir mejor. Mi madre mejoró lenta pero constantemente. De hecho, todavía hoy los médicos no se explican cómo se recuperó. Se curó completamente del síndrome de Steven-Johnson sin ninguna secuela. Lo más milagroso fue que sufrió el mínimo dolor. Todas las ampollas se curaron sin abrirse. La piel se secó y se fue cayendo. Aquellos días, mi madre parecía una cebolla pelada.

Un mes después de recibir el alta, mi madre fue a Ámritapuri, al darshan de Amma. En esos momentos a mi madre le daba pánico tomar cualquier medicamento. Además, la terrible experiencia le había dejado cicatrices tanto físicas como emocionales, pero los darshan llenos de afecto de Amma disolvieron su miedo y le infundieron valentía.

El 29 de diciembre de 1995 mi madre hizo un segundo viaje a Ámritapuri. Como era Año Nuevo, en el áshram había mucha gente, no había suficientes habitaciones y le pidieron que compartiera habitación con otras devotas. Su delicado estado de salud hizo que le empezara a doler la garganta y, al día siguiente, se le había hinchado la cara. Amma se dio cuenta al verla de lejos y la llamó. Le sorprendió ver a mi madre tan enferma y le preguntó si le habían dado una habitación en condiciones. Mi madre le explicó la situación a Amma, que inmediatamente llamó a una brahmachárini y le dijo que le diera a mi madre una habitación individual o que la alojara en una cabaña especial. Le dijo:

—¿No sabes que esta hija acaba de recuperarse de una enfermedad grave y que parece una cebolla pelada?

Cuando mi madre llamó desde Ámritapuri para decirme lo que Amma había dicho, le pregunté:

—¿Como podía Amma conocer tu estado si nunca le dieron los detalles de tu enfermedad?

Mi madre respondió: «*Éllam ariyunna ammayode ónnum parayenda karyamilla*». En realidad, sus palabras eran las frases de un bhajan: «No hace falta decirle nada a Amma porque Ella lo sabe todo». Nuestra experiencia nos enseñó que, si tenemos una completa fe en Amma, su Gracia siempre estará a nuestra disposición, tanto en los malos momentos como en los buenos.

(Febrero de 1997)

Regalo del destino

Prem, India

El doctor Anantanaráyanan contaba su historia sentado a la sombra de un árbol. Su memoria estaba llena de las experiencias de dicha que Amma le había regalado durante una época de gran sufrimiento. Aunque Anantanaráyanan conoció a Amma en 1984, tenía la impresión de que su relación venía de muchas vidas atrás y, aun así, su vínculo con Amma se fue fortaleciendo cada día más. En 1987 el destino empezó a golpear a Anantanaráyanan con sus crueles puños. Sufrió un infarto que lo dejó sumido en una depresión, pero por fortuna el amor reconfortante de Amma le ayudó a superarlo. En cuanto salió de esa época oscura, el destino le asestó otro golpe. Anantanaráyanan tenía la costumbre de salir a caminar todas las mañanas, mientas recitaba su mantra, para refrescar el cuerpo y la mente. La mañana del 11 de mayo de 1990, lo arrolló una furgoneta de repartir periódicos lanzándolo varios metros por los aires. Lo llevaron urgentemente al hospital, donde le hicieron pruebas y le encontraron coágulos de sangre en la parte superior izquierda del cerebro.

Mientras estaba en coma, su familia y sus amigos lloraban porque no creían que sobreviviera. Además, los médicos descubrieron que tenía el brazo izquierdo roto. Le operaron el brazo y le pusieron un tornillo de acero.

Amma, que en aquel momento estaba en su gira mundial, recibió la noticia y le envió un mensaje de consuelo: «Hijo mío, no te preocupes. Todo saldrá bien. No pierdas la esperanza». Cuando llegó el mensaje, Anantanaráyanan salió del coma y empezó a alternar períodos de conciencia y de inconsciencia. Le leyeron el mensaje en un momento en el que parecía estar despierto. Para los médicos, el mensaje de esperanza de Amma fue toda una sorpresa, ya que pensaban que no recuperaría la memoria y mucho menos que podría caminar.

Milagrosamente, dieciséis días después de la operación empezó a recobrar la memoria. Al cabo de unos días fue a visitarlo Swami Amritagitananda. Para Anantanaráyanan fue una visita realmente alentadora, ya que se encontraba muy bajo de ánimo y desesperanzado. Sintió que en su interior volvía a arder la llama de la esperanza. Acostado en la cama, notó que los compasivos brazos de Amma lo rodeaban. Desde aquel momento, el nombre de Amma y su recuerdo empezaron a bailar en su mente. Solo pensaba en Amma. Día y noche, se sumergió en el mantra sagrado: «Amma». Parecía estar flotando en las olas rebosantes de amor y compasión de la Madre. La sintió sentada con él en la cama, cuidándolo y diciéndole al oído:

—No te preocupes, hijo. Amma está aquí contigo.

Un mes más tarde, a todos les sorprendió que empezara a reconocer las caras de la gente y a recordar sus nombres.

Sin embargo, su dicha no duró mucho. El brazo operado se infectó y los médicos decidieron quitarle el tornillo de acero que le habían puesto. Al hacerlo descubrieron que tenía dos centímetros de hueso destrozados, de modo que lo trasladaron al Hospital Universitario de Tríssur para tratarlo.

Después de todo ese sufrimiento, el destino aún no quería dejar en paz al doctor y a su familia. Su hija tuvo una reacción alérgica al sulfuro de una medicación para la fiebre que había tomado. Su cuerpo se cubrió de ampollas y tuvo una grave infección de ojos. Era el temido síndrome de Stephen-Johnson. Resultaba doloroso ver su cuerpo. Anantanaráyanan afrontó con calma ese golpe del destino. Durante esa prueba aún podía oír en su interior las palabras de apoyo de Amma: «Amma está contigo, hijo. No te preocupes». Esas palabras le dieron fuerza para soportar todas las crueldades del destino.

Los médicos, compañeros de Anantanaráyanan, creían que lo mejor sería llevar a su hija al All India Institute of Medical Sciences de Nueva Delhi para hacerle más pruebas. Antes de partir hacia Nueva Delhi, su hija fue a ver a Amma, que la abrazó y le susurró al oído:

—Querida hija, no te preocupes.

Después, Amma le aconsejó cancelar el viaje a Delhi. Siguió el consejo de Amma, se quedó y poco a poco se recuperó de la enfermedad.

El médico seguía sin poder mover el brazo izquierdo y sus compañeros le recomendaron un injerto de hueso. Anantanaráyanan le pidió consejo a Amma. Ella le preguntó por el tratamiento y, seguidamente, le frotó con suavidad el brazo y le dijo:

—Hijo, ya no necesitas más operaciones. Todo irá bien.

Al principio, a Anantanaráyanan le resultó difícil creer lo que Amma decía. Como médico, sabía que las probabilidades de que se reconstruyera el trozo de hueso roto en mil pedazos eran mínimas y que pasaría mucho tiempo hasta que el hueso volviera a su estado normal. Sin embargo, la fe inquebrantable del médico en el *sankalpa* (resolución divina) de la Madre daría su fruto. Abandonó la idea de la operación y poco después su brazo empezó a funcionar con normalidad, lo que asombró a los propios médicos.

Anantanaráyanan volvió a ejercer de médico y ahora ofrece sus servicios gratuitamente, como servicio a la Madre. Él es el cerebro que está detrás del servicio médico móvil que se desplaza a menudo a los distintos ashrams de Amma.

Llevábamos un buen rato sentados debajo del árbol. La refrescante sombra que nos proporcionaba se había alejado, pero mi mente encontró alivio del calor abrasador de la mundanidad en la refrescante historia del doctor. Anantanaráyanan se levantó y dijo con voz suave:

—Por la gracia de Amma, he vuelto a nacer.

Su cara irradiaba un fulgor, la luz de paz de quien acepta su destino como un maravilloso regalo de Dios.

(Junio de 1997)

Ella nos cuida

Santosh (Sunny Nell), Estados Unidos

El jueves 18 de junio de 2009, una semana antes de la fecha de la cesárea programada de mi mujer, fuimos al hospital para la prueba semanal de esfuerzo cardíaco del bebé. Esa misma mañana mi mujer se había dado cuenta de que el bebé no se movía mucho. Las enfermeras comenzaron la prueba a las diez de la mañana y duró cuarenta y cinco minutos. Al terminar, el médico nos dijo:

—El bebé no está respondiendo como debería, así que es mejor que vayáis al hospital para una ecografía.

A la una y veinticinco de la tarde, el técnico empezó a hacer la ecografía. Durante todo ese tiempo mi mujer se había estado sintiendo incómoda, aunque intentaba mantenerse tranquila. Tras cuarenta y cinco minutos de prueba, el técnico escribió en la pantalla: «El bebé no ha respirado en los últimos cuarenta y cinco minutos». Cuando lo vi le pedí que me diera más detalles. Me respondió que a veces sucede, nos condujo hasta la sala de espera y nos dijo que el médico vendría a hablar con nosotros en breve. Unos diez minutos más tarde, la doctora nos dijo que mi mujer tenía que dirigirse a la sala de parto inmediatamente, que ella arreglaría el ingreso.

Esperamos unos veinte minutos, pero, como no vino nadie, decidimos ir lentamente hacia el ascensor para llegar a la sala de parto que estaba en la cuarta planta. Cuando llegamos a la sala de parto, nos dimos cuenta de que los médicos, las enfermeras y un equipo de especialistas ya nos estaban esperando para realizar una cesárea de urgencia. El equipo empezó a prepararla y a administrarle la anestesia. En ese momento la cirujana jefa (la médica de mi mujer) vino a la sala de espera y me dijo que, como el bebé no se encontraba bien, había que intervenir de inmediato.

Me explicó que el resultado de la ecografía tendría que haber sido de ocho o superior y, si era inferior a seis, había que intervenir de urgencia. En el caso de nuestro bebé, ¡el resultado era inferior a dos! Nos dijo que quizás ya hubiéramos perdido al bebé y que lo importante era salvar la vida de la madre, que también estaba en peligro.

La doctora entonces me hizo la temida pregunta:

—Si tuviésemos que elegir, ¿a quién salvamos?

La respuesta obvia fue:

—A la madre.

En ese momento, incliné la cabeza y le recé a Amma. Ella estaba en Los Ángeles en su gira de verano. Como nosotros vivimos en Minnesota, no habíamos tenido la ocasión de verla en esa gira. Le recé: «Hoy, cuando vuelva a casa, puede que haya perdido a mi esposa, y mis hijos quizá hayan perdido a su madre y a su hermano pequeño. No puedo cambiar lo que está escrito. Solo Tú puedes. Por favor, cuida de ellos en la operación. Dame fuerza para aceptar lo que tenga que ocurrir según tu voluntad».

Con la fuerza que obtuve al rezarle a Amma y la fuerte convicción de que nada podía ir mal, llamé a un par de amigos para decirles cómo estaba la situación. Pude notar su nerviosismo al enterarse de la noticia, pero me aseguraron que todo iría bien y que vendrían al hospital lo antes posible.

La doctora me dijo que habían llamado a otro cirujano para la intervención y que empezarían en cuanto llegara. El cirujano ayudante llegó tres minutos después y empezaron alrededor de cuatro menos cinco de la tarde. A las cuatro y treinta y un minutos nació el niño. La pediatra lo examinó y dijo que estaba bien y que sus signos vitales eran correctos. El equipo siguió con mi esposa y terminaron a las seis menos cuarto de la tarde. Entonces la cirujana jefa salió y me dijo:

—Tienen mucha suerte. Hay alguien que les cuida. En veinte años de profesión, no había visto nunca a un bebé sobrevivir con un índice de dos en la prueba de ultrasonido.

Más tarde llevaron al niño a la planta de neonatos y a mi mujer a la planta de cuidados postoperatorios. El domingo, la cirujana jefa vino a darle el alta y le dijo a mi mujer:

—No sé quién ha hecho este milagro, pero hay alguien que les cuida y esa misma persona me ayudó mientras estaba haciendo la operación. Si no hubiera sido por ese poder divino, esto no hubiera salido así.

La tarde de ese jueves en que ocurrió todo, informé a Amma de lo que ocurría a través del brahmachari Dayámrita Chaitanya. También lo llamé en cuanto hubo nacido el niño para que Amma lo supiera. Le pedí al brahmachari Dayámritaji que le preguntara a Amma el nombre del niño; sin embargo, Amma dijo que le pondría un nombre cuando fuéramos con él a Chicago. Doce días después de la cesárea, nos subimos al tren Ámtrak y viajamos ocho horas para llegar a Chicago. Algunos amigos se quedaron atónitos al ver que viajábamos tan pronto después de la operación, pensando que sería peligroso para la madre y el recién nacido. Sin embargo, yo pensaba: «Si Amma puede darle vida a mi hijo, seguro que puede cuidar de mi mujer y de él durante un trayecto de tren».

Cuando Amma recibió al bebé en el darshan, me dijo que comprobase su estrella de nacimiento con el astrólogo que viaja con Ella en la gira. En un principio le había dicho que su estrella era «Révati» y, como pude saber más tarde, el momento del nacimiento habría sido muy desfavorable, un peligro para su vida. El consejo inmediato de Amma fue de realizar un *Mrityúnjaya homa* (un ritual en un templo para prolongar la vida) inmediatamente y repetirlo todos los años. Sin embargo, después de consultar al astrólogo, nos dimos cuenta de que el niño había nacido después de ese momento tan desfavorable y que en realidad su estrella de nacimiento era «Áshwati». Cuando se lo dijimos a Amma, suspiró aliviada y dijo:

—Cuando me dijisteis la estrella y la hora, Amma se preocupó, pero ahora todo está bien, ya que su hora de nacimiento es buena y su estrella también.

Amma miró al bebé con adoración y lo besó antes de volver a dármelo. Nos pidió que nos sentáramos a su lado y siguió mirando al bebé unas cuantas veces. Finalmente lo llamó «Ámrit o Ámarath», que significa «Inmortal».

Durante todo ese tiempo, nuestros amigos devotos fueron de gran ayuda en muchos sentidos y nos sentimos muy agradecidos.

Durante la visita a la doctora a las cuatro semanas de la cesárea, lo primero que nos dijo al vernos fue:

—Aquí está la familia bendita que tiene a alguien que les cuida. ¡Soy muy afortunada de haberos conocido, chicos! —dijo, dándonos un abrazo.

De hecho, Amma nos ha estado cuidando siempre, y mi mujer y mi hijo se salvaron solo por su gracia. Amma, nuestro más humilde agradecimiento.

(Diciembre de 2009)

Mi secreto

M. Ramakrishnan, Estados Unidos

Conocí a Amma en 1987, en la India. Toda mi familia es devota. Amma me transformó de una persona que tan solo creía en Ella en una persona con una firme fe en Ella. La diferencia entre creer y tener fe es la siguiente: la fe es firme, mientras que la creencia puede flaquear. Amma hizo un milagro para que ese cambio se diera en mí.

Un día de 1991, durante el darshan de Devi Bhava, Amma me preguntó algo extraño: si me importaría estudiar y trabajar en otro país. No supe qué decirle. En primer lugar, yo no tenía suficiente dinero para hacerlo. En segundo lugar, tenía un buen empleo cerca de mi casa y podía ir a visitar a Amma dos o tres veces por semana. Sin embargo, mi situación pronto cambió y me vi viajando a Estados Unidos para estudiar en la Universidad Estatal de Arizona. Aunque me sorprendió, recordé el dicho de que todas las palabras de un mahatma se hacen realidad a su debido tiempo.

Lo pasé mal al tener que volver de nuevo a la universidad, además de que era en un sistema educativo y un entorno completamente diferentes, pero tenía fe en que Amma estaba conmigo. Sentía que no estaba solo y que, pasara lo que pasara, Amma me apoyaba siempre.

Una mañana, después de rezarle a Amma, salí de casa para ir a clase. Poco después empezó a dolerme el estómago. Al principio pensé que era porque no había desayunado, así que fui a un Taco Bell, el lugar predilecto de estudiantes con pocos recursos como yo; pero eso me hizo sentirme peor. Cuando llegué a mi trabajo, el dolor se volvió más agudo. Fui al centro médico más cercano y vomité. Me sentía mejor, pero los médicos y enfermeras empezaron a mostrar signos de preocupación y lo único que me decían era:

—Te vas a poner bien.

Finalmente, les pregunté cuál era el problema y me respondieron:

—No lo sabemos, pero no tienes ni presión arterial ni pulso. Deberías estar muerto, pero nos estás hablando.

Me trasladaron al hospital más cercano para hacerme pruebas y me diagnosticaron pancreatitis aguda, una enfermedad que aparece en personas de edad avanzada que han abusado de las drogas y el alcohol. Me preguntaron y les dije que nunca en mi vida había fumado o había tomado drogas. No me creyeron, así que les preguntaron a mis amigos, que confirmaron lo que yo había dicho. Más tarde el dolor se intensificó y me trasladaron a la unidad de cuidados intensivos, donde me hicieron más pruebas y me encontraron en el abdomen un quiste del tamaño de una pelota de baloncesto. Se había vuelto tan grande que apenas podía respirar, así que los médicos decidieron que no comería ni bebería nada hasta que el quiste disminuyera de tamaño. Mi situación era crítica. De hecho, los médicos me dijeron que casi me habían perdido en tres ocasiones, pero que, no sabían cómo, volvía a la vida. Todo era un misterio para ellos, pero yo sí que sabía qué «doctora» era la responsable de mi salvación.

El hospital se puso en contacto con el marido de mi prima, Bipin, que vive en Seattle, y le dijeron que mi vida corría peligro y que necesitaban que diera su consentimiento para intervenir como hiciera falta para salvarme la vida. Él llamó inmediatamente al áshram de Amma de Bombay y habló con Swami Pranavamritananda, que estaba a punto de viajar a Delhi para ver a Amma. Este le comunicó mi estado a Amma. Ella se quedó en silencio y con la mirada distante. Después dijo:

—Se pondrá bien. No hace falta que lo operen.

Eso mismo se le comunicó a Bipin.

En ese momento empecé a mejorar y, para cuando Bipin llamó al hospital, ya había salido del peligro. Amma, la médica del Universo, me había salvado.

Después de pasar cinco semanas en el hospital sin comer ni beber, el cirujano jefe decidió operarme para drenar el quiste. El resto de los médicos no estaban de acuerdo, alegando que muchos pacientes habían muerto últimamente en esa clase de intervención. El cirujano insistió y se fijó una fecha. La noche antes de la operación dos amigos me dijeron que ese cirujano tenía mala reputación por insistir en intervenir incluso cuando no era recomendable. Llamaron al cirujano y cancelaron la intervención. Les habían recomendado otro médico que realizaba endoscopias para drenar los quistes. Hablaron con él para intervenirme y, en poco tiempo, ya estaba operado y en proceso de recuperación.

Al no haber tenido ninguna experiencia anterior en hospitales o en urgencias, debería haberme sentido muy nervioso en tales circunstancias. Sin embargo, estaba tranquilo porque sabía que no iba a morir. ¿No fue Amma la que me dijo que fuera a vivir a ese país? Ella hizo que muchas personas cariñosas se quedara conmigo en el hospital y así no albergara pensamientos negativos. Incluso hice historia al ser el primer paciente tratado con la nueva cirugía por endoscopia y el único paciente de hospital que no había comido ni bebido durante siete semanas. Las enfermeras decían que tenía una fuerza mental especial por haber podido afrontar todo lo que me había pasado. La tengo: esa fuerza es Amma.

(Noviembre de 1997)

Médico primordial

Dr. V. Satyaprasad, India

Hace años que veía carteles de Amma en Chennái y que me atraía su sonrisa angelical. Me parecía que, incluso en foto, amaba a todos de una manera constante e incondicional. Más tarde me di cuenta de que el amor era su esencia, pero las infinitas facetas de su amor escapan a nuestra comprensión.

Una noche, durante la primera semana de diciembre de 1996, mi mujer y yo estábamos muy preocupados por un asunto personal y no podíamos dormir. De repente, recordé que Amma iba a visitar Chennái esa misma semana. Decidimos ir a recibir su darshan y viajamos en coche hasta el templo brahmasthánam de Arcot Road. Había una cola larguísima para recibir el darshan que llegaba hasta la carretera y la gente, aunque estaba lloviendo, esperaba pacientemente su turno. Me acerqué a uno de los discípulos de Amma y él se encargó de nuestro darshan.

El darshan de Amma es la experiencia más sublime que hemos tenido mi mujer y yo en toda nuestra vida. La paz invadió todo mi ser y por eso olvidamos contarle nuestro problema. Imaginad cual fue mi sorpresa cuando Ella fue la que empezó a hablarnos del problema que nos preocupaba y nos dijo que lo solucionaría. Nos fuimos en paz.

Unas semanas más tarde, recibí una llamada de un compañero de trabajo pidiéndome ayuda para crear una nueva unidad de cirugía cardíaca en el hospital AIMS de Cochín, en Kérala. Yo pensaba que ya nos habíamos asentado en Chennái. Mis hijos estudiaban allí, mi mujer y yo trabajábamos en un hospital cardíaco muy bueno y teníamos nuestra propia casa. Algo dentro de mí me impulsó a aceptar esa oportunidad en el hospital AIMS, que es una ofrenda de una mahatma a la humanidad. Cuando se

129

lo conté a mis padres, enseguida estuvieron de acuerdo. Así que poco tiempo después ya estábamos todos instalados en Cochín. Mirando hacia atrás, está claro que Amma ha sido el faro que ha iluminado mi vida personal y mi carrera profesional. En una ocasión, decidí que no iba a operar a un paciente porque tenía toda la estructura del corazón calcificada. Sin embargo, cuando me dijo que Amma le había aconsejado que viniera al hospital AIMS a que lo operaran, sentí la necesidad de hacer la operación. Cuando abrí el corazón, hasta el anestesista jefe que estaba a mi lado me miró asustado por el precario estado en el que se encontraba; pero tenía la sensación de que seguir con la cirugía era la decisión de Amma y que Ella se encargaría de que llegara a buen puerto.

Todo ocurrió como si hubiera estado programado. Aunque fue difícil, hice la cirugía sin problemas, como si estuviera en una especie de trance. El paciente fue desentubado en menos de doce horas y dado de alta del hospital al octavo día, como si se hubiera tratado de una operación normal. Hubo momentos en los que sentí que solo era un mero instrumento en sus manos. Eso fortaleció mi creencia en el dicho: «El médico solo trata, quien cura es Dios». Desde entonces, siempre empiezo cualquier operación pensando en Ella. Además, ya no me preocupo innecesariamente de cómo irán las cosas en la sala de operaciones. Creo que todo lo que ocurre en la unidad de cirugía cardíaca está en sus manos.

Sobre todo, me siento inmensamente bendecido por poder llevar a cabo numerosas operaciones cardíacas importantes por indicación de Amma. Esos pacientes no hubieran podido pagar el coste. Su compasión por los más necesitados es evidente en el hecho de que siempre me anima a hacer el máximo número posible de operaciones.

Amma también ha sido una fuente tremenda de apoyo para los pacientes que tenían miedo de ser operados de cirugías cardíacas complicadas. Después de su darshan y sus bendiciones, los he visto hacer frente a las intervenciones con valor, a pesar de tratarse de experiencias traumáticas. Sin ninguna duda, eso solo puede deberse a su inmensa gracia divina. Es muy satisfactorio verlos salir del hospital tan felices y agradecidos.

Además, Amma ha sido nuestra mentora en la unidad de cirugía cardíaca favoreciendo la cohesión, la armonía y el trabajo en equipo. Ruego que siga bendiciendo todos nuestros esfuerzos.

(Octubre de 2003)

Renacimiento

E. Shanta Krishnankutty, India

saandraanandaavabodhaatmakamanupamitam
kaala-deshaavadhibhyaam nirmuktam nityamuktam
nigamashatasahasrena nir-bhaasyamaanam aspashtam
drshtamaatre punarurupurushaarthaatmakam
brahmatatvam

Ella, que tiene la naturaleza de la dicha inquebrantable y la conciencia suprema, incomparable, trasciende el espacio y el tiempo. Siempre libre, la revelan en términos inequívocos innumerables textos védicos, aunque permanece incomprensible para los intelectos toscos. El primer vislumbre de Ella basta para hacer entender que Ella es la meta más alta que se puede alcanzar, la realidad suprema conocida como «Brahman».

Los versos de Melpáttur[14], procedentes de un templo lejano, sonaron como la llamada de corneta al salir el sol.

En aquella época nunca me pregunté por el significado de aquellos versos del *Narayaníyam*. Incluso después de retirarme, tras muchos años como profesora, rezar era el único alivio para los dolores que sufría, constantemente aquejada por alguna enfermedad, una tras otra.

La primera vez que vi a Amma fue en 1985. Como era devota de Krishna, fui a conocerla con la única intención de recibir su darshan.

Mi marido y yo la vimos por primera vez en una casa en Korikode. Con aquel primer darshan, Amma se convirtió en todo para nuestra pequeña familia: mi marido, nuestros tres hijos y yo. Desde entonces, siempre que podíamos íbamos a Ámritapuri deseando recibir el cariño de la encarnación del amor. Por entonces no había dónde alojar a los visitantes. Las dos únicas habitaciones para los invitados eran dos pequeños cubículos encima de la antigua imprenta. Amma se encargaba personalmente de limpiar el suelo y poner esterillas para que durmiéramos. Nos guardaba un poco de lo que hubiera para comer y también nos nutría con sus palabras, el maná espiritual. Esos momentos con Amma eran maravillosos.

También tuvimos la oportunidad de participar en las actividades del áshram de Korikode desde sus inicios. Aquellos días, llenos de numerosas experiencias, los dedicábamos a Amma. Una vez a la semana muchos de nosotros nos reuníamos para participar en las actividades del áshram. ¡Cuántas oportunidades tuvimos de juntarnos para las actividades de sátsang, bhajans y seva!

Me parece fascinante cuántos de los jóvenes que trabajaban entusiasmados, como miembros de una misma familia, se hicieron después brahmacharis. Cuando mi hija tomó la misma decisión, al principio no podía aceptarlo; pero después fui a Ámritapuri a verla y me quedé atónita. ¡Estaban todos tan contentos! ¿Cómo podía llevarme una flor de ese maravilloso campo de rosas blancas? Vi a mi hija llena de felicidad, como todos los demás. Había muchos hijos de Amma, con la cara resplandeciente y la frente adornada con un círculo de pasta de sándalo, que también me llamaban «Amma». ¿Cómo no iba a verlos como a mis propios hijos? Me sentía orgullosa en secreto. Mi hija había recibido la bendición que yo no recibí. Había escogido el valioso camino de la renuncia y el servicio, dejando atrás el sendero de vida que yo había recorrido, lejos del océano del samsara.

A medida que voy abriéndome paso en la ola de las experiencias con Amma, escribo llena de dicha y felicidad, con el corazón tranquilo por la nueva vida que Amma me ha dado...

7 de noviembre de 2002: Como estaba teniendo gran dificultad para respirar, me ingresaron en el hospital. Tenía síntomas de parada cardíaca y me llevaron directamente a la unidad de cuidados intensivos. Me pusieron muchos tubos, goteros y demás instrumental para salvarme la vida. Estaba a medio camino entre la vida y la muerte. En realidad, estaba en un cara a cara con la muerte. Como no podía respirar, empecé a descorazonarme. Por el pánico que me invadía, me arranqué la máscara que tenía en la cara con las fuerzas que me quedaban. Se me empezó a adormecer todo el cuerpo. Quería desesperadamente que quitaran el aire acondicionado de la habitación y, al no poder articular ni una palabra, me asusté mucho. Podía ver a mi hijo Múrali allí conmigo y lo miré con cara de desconsuelo. Como notó que quería decirle algo, me dio una hoja de papel y un bolígrafo, pero no tenía fuerzas ni para escribir. Cuando estamos sanos olvidamos la bendición que es poder hacer todo por nosotros mismos y solo lo recordamos cuando nos enfrentamos a la muerte.

Empezaron a surgir recuerdos en forma de imágenes, que después se desvanecían: Mañana es el día de la boda del hijo de mi hermana menor. Mi muerte supondría un gran disgusto para todos ellos. ¡Qué bonito es el sari que me he comprado! Qué pena no poder llevarlo. La blusa del sari no está aún terminada. ¿Se sienten todos los deseos incumplidos como dolor antes de la muerte? No, no tengo ningún deseo, traté de consolarme, aparte de fundirme en los sagrados pies de Amma.

Empecé a perder la visión y la oscuridad fue creciendo. En un esfuerzo por respirar, mis músculos empezaron a tensarse. De repente, sentí que algo había cambiado, que me había separado del cuerpo. Sí, lo podía ver claramente: mi cuerpo estaba inmóvil sobre una sábana blanca. Los médicos estaban intentando salvarme la vida desesperadamente. Mis familiares y amigos lloraban desconsolados en el exterior de la sala.

Entonces presencié un mundo nuevo, diferente al que había vivido hasta ese momento. Me embargaba una paz que nunca había sentido. En ese estado de éxtasis, vi una luz. No sé decir si estaba dentro o fuera de mí. Fue una experiencia indescriptible. Una poderosa lluvia de paz bañaba todo mi ser. No quería volver de aquel mundo de paz al mundo donde no había paz. Al cabo de un rato empezaron a surgir los recuerdos de Amma: «¡Oh Amma!», dije espontáneamente en voz alta. De repente, sentí que volvía de nuevo a mi cuerpo. Ahora podía respirar, aunque con dificultad; y también podía oír claramente la voz de mi hijo. Poco a poco, el calor fue extendiéndose por todo mi cuerpo. Era mi segunda entrada en mi cuerpo. Ahora podía ver a Amma claramente frente a mí. Me sonreía. Y ya no recuerdo lo que ocurrió después.

Pasé un día y una noche sin ninguna consciencia de lo que estaba ocurriendo. Cuando abrí los ojos me di cuenta de que todavía estaba en la UCI, pero me habían quitado los tubos y los goteros. Mi mente se había transformado. Las preocupaciones y la enfermedad habían desaparecido completamente y la forma de Amma, la encarnación de Brahman, había embellecido mi corazón. Solo sentía dicha, ninguna otra emoción. Era como si irradiara compasión. No era capaz de ver a nadie separado de mí. Percibía a Amma como la conciencia divina omnipresente en todos los seres.

Tenía muchas ganas de decirle a todo el mundo lo que estaba experimentando. Mi mente ansiaba proclamar que lo único que podemos darle al mundo es amor y que no hay que perder ninguna ocasión de hacerlo. ¡Ojalá pudiera transmitirles a todos la inefabilidad de aquel mundo de paz!

Unos días más tarde me dieron el alta. Todavía ahora mi mente está en paz. A mi alrededor solo hay dicha. ¿Quién odia a quién? Todos somos miembros de una única familia, destinados a amarnos unos a otros y vivir en el amor. Debemos estar agradecidos por lo que tenemos, en lugar de lamentarnos de lo que nos falta. ¿No es eso lo que Amma nos enseña? Cuando pienso cómo

Amma me llevó a las profundidades abisales de la experiencia espiritual, mi corazón rebosa de gozo. Esa es la bendición que me concedió Amma.

(Julio de 2005)

Cuando Amma dice algo

Ashok Nair, Qatar

Una vida no es suficiente para entender a Amma. Me he dicho a mí mismo que no voy a buscar el límite del infinito. Nuestras vidas son como un rompecabezas. Las experiencias vienen dosificadas, pero cuando ponemos las piezas juntas obtenemos una imagen más grande. Voy a contar la que ha sido la experiencia más importante de mi vida.

Mi familia estaba de vacaciones en India en julio o agosto de 2002 y, como de costumbre, fuimos a ver a Amma. Durante el darshan Amma me preguntó:

—Hijo, ¿no tenías que preguntarme algo?.

Le respondí que estaba feliz.

Volvimos de las vacaciones la primera semana de septiembre. A mediados de septiembre mi mujer, Suja, tuvo fiebre durante tres días. Celebramos el cumpleaños de Amma en casa de un amigo y ella, como de costumbre, ese día cantó bhajans. Todavía se sentía un poco débil, pero, aparte de eso, nada fuera de lo normal.

La noche del 30 de septiembre mi mujer me dijo que no se encontraba bien y que no sabía cuál era el problema. La llevé al médico, que le diagnosticó una infección de orina y le dio medicación. Se tomó los medicamentos, pero el 3 de octubre tenía diarrea y cada vez estaba más débil.

La mañana del 4 de octubre la llevé a urgencias al Hospital Hamad, el principal hospital público de Doha. Allí, los médicos dijeron que el problema se debía a la medicación y se la cambiaron. También dijeron que no había nada fuera de lo normal. Sin embargo, su estado empeoró y por la noche empezó a sentirse desorientada, y le costaba hablar y caminar.

Yo estaba aterrorizado, porque no sabía lo que le pasaba a Suja. Llamé al médico de mi empresa, que me aconsejó llevarla al día siguiente a un hospital americano privado. Los médicos de ese hospital le hicieron muchas pruebas, pero seguían sin ver nada fuera de lo normal. Para entonces, Suja se encontraba muy débil y completamente desorientada. Por eso, los médicos pidieron una resonancia magnética de la cabeza que reveló algunas anomalías, así que la ingresaron inmediatamente en el Hospital Hamad.

Durante los siguientes días un equipo de médicos le hizo muchas pruebas. Para el 9 de octubre empezó a entrar en coma. Me sentía completamente perdido, sin saber qué hacer. No podía tomar decisiones racionales y todos los que estaban a mi alrededor empezaron a bombardearme con sus opiniones. Muchas personas, incluidos los médicos, me aconsejaron llevarla a la India.

Me acordé de las palabras de Amma: «Hijo, ¿no tenías que preguntarme algo?» En ese momento le supliqué que salvara la vida de mi mujer. Quería enviarle un mensaje, pero no conocía a nadie en Ámritapuri. No solo eso, sino que, además, Amma estaba de gira por Europa. Mi amigo Múrali consiguió ponerse en contacto con Swami Purnamritananda, que estaba con Amma en Francia, y le pidió que le trasmitiera a Ella nuestra grave situación. La noche del 10 de octubre, Swami Purnamritananda se puso en contacto con nosotros y nos transmitió las instrucciones de Amma:

—Que Suja continúe el tratamiento con el mismo médico que la está tratando ahora.

Podemos tomar decisiones complicadas en la vida si aprovechamos la guía de nuestro guru. Les dije a todos nuestros amigos que había decidido seguir con el tratamiento en Doha con el médico que la estaba tratando y les pedí que dejaran de aconsejarme. Si Suja hubiera estado consciente en ese momento, seguro que hubiera tomado la misma decisión.

Al día siguiente, fui a ver al médico que la trataba. Suja estaba casi en coma y no podía ni hablar ni caminar. Era difícil saber si nos reconocía. Después de que el médico la examinara, le dije que quería hablar con él en privado. Me enteré de que era de Pakistán. Hasta la fecha, nunca me había gustado la gente de aquel país. No solo eso, sino que además pensaba que estaba en contra del espíritu nacional indio el tener una buena imagen de ellos. Le dije que no tenía ningún conocimiento médico y que necesitaba su consejo profesional sobre qué hacer con mi mujer. También le dije que, si pensaba que lo mejor era llevar a mi mujer a un determinado hospital para tratarla, no me importaba en qué parte del mundo se encontrara.

El médico bajó la mirada unos instantes y después dijo:

—Entiendo por lo que estás pasando, pero estamos haciendo por ella todo lo que está en nuestras manos.

—Todo saldrá bien —añadió después. Y me pidió que aguantara un poco más.

También me dijo que, si deseaba cambiar de hospital a mi mujer por motivos sociales, le daría de alta. Sin embargo, si dejaba el caso en sus manos, la trataría como si fuera su propia hermana. Le dije que dejaba en sus manos el caso de Suja.

Aquella noche el médico empezó con una nueva medicación y en los días siguientes Suja mostró buenos signos de recuperación. A los catorce días le dieron el alta. Cuando la llevé a casa, todavía no podía hablar o entender nada. No se le dio ninguna medicación nueva y la que estaba tomando terminaría diez días después del alta. Tendría que ir a rehabilitación, donde le enseñarían a hacer cosas básicas como vestirse o sumar.

Puede parecer increíble si digo que nunca tuve duda de que Suja se pondría bien. Pero mi fe es que cuando Amma dice algo, ocurre. Para sorpresa de todos, en tres meses había recobrado el ochenta por ciento de sus facultades y de nuevo podía hablar, caminar, cantar y conducir. Ahora, casi seis años más tarde, ya ha recuperado casi el noventa y nueve por ciento.

En una de las revisiones periódicas, el médico me dijo que incluso dos años más tarde podía recordar claramente el día en el que entré a su consulta a hablar con él. Me admitió que me mintió cuando me dijo que todo iba a salir bien y me enseñó el expediente que había escrito aquel día: «La paciente no responde a la medicación y su estado está empeorando». Después me dijo que no esperaba que se fuera a recuperar. Cuando Suja le dio las gracias por su ayuda, le respondió:

—Yo no hice nada, te has curado tú sola.

También nos dijo que se trataba del caso más extraño que jamás había tratado. Me preguntó si la había llevado a otro médico durante las vacaciones o para obtener una segunda opinión. Le respondí que no porque nuestra guru nos había aconsejado continuar el tratamiento con él. Suja le mostró el anillo que llevaba con la foto de Amma. Muy inocentemente, el médico nos dijo que le mostrásemos a Amma su gratitud por la fe puesta en él.

Cuando ingresaron a Suja en el hospital, su caso estaba destinado a otro médico. Sin embargo, «por error», un asistente dejó el informe encima de la mesa del médico que la trató y él reconoció que, cuando vio el informe, le pareció un caso interesante y por eso se hizo cargo de él.

El 17 de abril de 2005 el médico cerró el expediente y le dijo que ya no necesitaría más revisiones.

Cuando Suja se recuperó completamente, me dijo que había perdido el conocimiento solo durante los primeros días después de su ingreso y después nos podía ver y reconocer a todos, pero como en un sueño. Había una asistente árabe que venía a visitar a Suja todas las noches y les decía a ella y a los que estaban allí que iba a ponerse bien. La mujer llevaba un *burka*, el vestido tradicional árabe, y solo se le veían los ojos. La mayor parte de las mujeres que se quedaban con Suja por la noche (se trataba de una sala para mujeres y solo podían quedarse mujeres cuidándola) se asustaban de su apariencia. Sin embargo, Suja la esperaba ansiosamente todos los días porque decía que veía a Amma en ella.

Durante todo el proceso de la enfermedad y la recuperación de Suja, aprendí a valorar la amistad. Me di cuenta de que el ser humano es una criatura indefensa, que no tiene control sobre su destino. Sin embargo, el esfuerzo y la oración sincera siempre nos traen la gracia de Dios.

Nuestras vidas son un regalo de Amma y ofrezco la mía a los sagrados pies de mi guru.

(Diciembre de 2010)

Conociendo a la Madre

Aftab Ahmed, India

A principios de septiembre de 2004, estaba en mi tienda de Várkala cuando un amigo, que quería ir a Ámritapuri y no sabía el camino, pasó a tomarse un té. Yo ya había oído hablar de la Mata, pero no me interesaba, por mi naturaleza desconfiada y porque había encontrado un centro de meditación zen que me gustaba y al que iba un par de veces al año. Estaba casado, tenía dos hijos preciosos y tanto mi salud como mi negocio iban bien. Mi padre había fallecido cinco años antes y, en gran medida, ya había superado el dolor; sin embargo, mi madre no se encontraba bien. Había sufrido un ictus cerebral hacía una década y, en ocasiones, se ponía violenta o a llorar sin razón alguna. Eso asustaba a mi mujer y a los niños. Pensé que un viaje por Kérala sería agradable por lo que, aun con algunas dudas, me ofrecí a llevar a mi amigo al áshram al día siguiente, dar un vistazo y volverme.

Llegamos al áshram a eso de las tres de la tarde. La música inundaba el ambiente. Cuando cruzábamos la puerta de entrada, sentí algo en el pecho. «Debe de ser la música», pensé mientras íbamos llegando al auditorio principal donde tiene lugar el darshan. Allí, entre la gran multitud, vi una figura blanca inmóvil que se parecía mucho a los ídolos que se adoran en los templos. Mi amigo intentaba llegar a la cola del darshan, pero sin éxito, y tampoco consiguió información sobre cómo hacerlo. Frustrado, cruzó al otro lado del auditorio. Yo lo seguí. Mientras cruzaba, volví a mirar a la figura, esta vez más de cerca, y vi que su semblante era serio, fuerte y de un tono azulado. Tuve que apartar la mirada. Mientras tanto, mi amigo no conseguía ponerse en la cola y empezaba a desesperarse. Para que se calmara, le propuse tomar un sándwich y un café en una cafetería que había allí mismo.

142

Como se iba a quedar unos días, le dije que seguro que en algún momento conseguiría ponerse en la cola del darshan.

Mientras comíamos el sándwich muy despacio, observé el auditorio y vi que había unos tableros con grandes números que indicaban el turno. En el momento en el que estaba intentando descubrir si todo eso era un fraude, pasó cerca un antiguo cliente mío. Se sorprendió cuando lo saludé y le pregunté cómo se hacía para ponerse en la cola.

—No puedes ponerte en la cola si no tienes el papelito con el número que se da por la mañana —respondió—, pero si quieres puedo ayudarte a hacerlo —le dijo a mi amigo.

—En ese caso, yo también quiero —dije de repente, asombrado de mi propia impulsividad.

Nos llevó al escenario mientras yo no dejaba de pensar sobre la enorme multitud que había y lo serviles que parecían. Estábamos de pie en una esquina del escenario y me parecía que todo le daba demasiada importancia a la figura blanca. Yo también sabía meditar. ¿De qué servía ponerse tan servil y emocional? Llegué a un lugar de la cola desde donde la podía ver claramente. Una niebla resplandeciente parecía envolverla. Pensé que sería debido a la humedad y las luces. Entonces, inesperadamente, me puse a llorar. De las más ocultas profundidades emergió un dolor desconocido que me hizo temblar sin motivo aparente. Me fui a una esquina del escenario y lloré desconsoladamente de cara a la pared, tratando de esconderme de la gente. Una parte de mí se quedó pasmada. Ya no me daba pena la muerte de mi padre. Unos minutos más tarde, conseguí recomponerme y me puse de nuevo en la cola. «Ahora debes comportarte», me dije. ¿Cómo debía comportarme? ¿Cómo se comporta uno cerca de una santa? La gente le pide respetuosamente que les ayude con algún problema. ¿Y cuál era mi problema? Mi madre. Decidí decírselo a Ella y después marcharme sin más dramatismo.

Cuando llegó mi turno, me quedé perplejo, pero el asistente apoyó mi cabeza suavemente en su hombro y, por unos instantes, mi cabeza se quedó en blanco. Ella susurró en tamil:

—Mi querido hijo, mi querido hijo.

Sonaba muy lejano, como algo proveniente del lejano cosmos. Mientras me levantaba, traté de hablarle de mi problema, pero me sacaron rápido de allí. Obedientemente, volví al rincón y esperé a que mi amigo terminara su darshan. Unos minutos más tarde, el asistente me miró directamente y me hizo gestos de que me sentara. Se referirá a otra persona, pensé, pero repitió el gesto y me senté. Casi inmediatamente, alguien me pidió que me moviera un poco para hacer espacio. Un poco después, alguien más hizo lo mismo. Después, otra persona delante de mí se levantó y me pidieron que me moviera otra vez. De ese modo, en unos cuantos minutos, acabe justo al lado de Ella. Quizás pueda preguntarle ahora, pensé. Ella hablaba, hacía bromas y reía como una niña jugando con amigos. Le pregunté a un señor cerca de mí, también de blanco, si Ella hablaba tamil. Cuando me dijo que sí, intenté hablar, pero no pude articular palabra. Su alegre risa y sus bromas continuaron; un gran contraste con el gesto serio de cuando la vi por primera vez. Al ver mi apuro, el hombre dijo:

—No te preocupes. Ella conoce tu problema sin que se lo digas.

Mi mente no podía aceptar eso, pero, de repente, Ella se volvió hacia un hombre que estaba a mi lado y le dijo en voz alta en tamil:

—¡Summa irru! (¡Estate quieto!).

Aunque no era para mí, el comentario me llegó. Dejé de intentar hablar y me quedé un rato sentado en silencio. Después, me postré respetuosamente y me marché.

Ya fuera, me despedí de mi amigo. Sentía una paz sorprendente. Había sucedido algo y no sabía qué. Le pedí a mi amigo que mantuviera en secreto lo ocurrido, porque necesitaba tiempo para asimilarlo.

Aquella noche, en mi alojamiento temporal de Várkala me senté a meditar antes de irme a dormir. Sin embargo, no podía conseguirlo. Volví a meditar una y otra vez, pero sin resultado. Así que me levanté y, mientras deambulaba en el silencio de aquella casa desconocida, vi un altar dedicado a Ella, completamente descuidado por el inquilino anterior. Lo limpié inmediatamente y, aunque soy musulmán, quemé una barrita de incienso en un acto de humildad. «Soy pecado y pecador. Aunque mi fuerza de voluntad es débil, haré todo lo que me pidas», le dije sollozando interiormente.

No conseguí conciliar el sueño y la batalla prosiguió hasta el amanecer, cuando el muecín de una mezquita cercana empezó a llamar para la oración de la mañana: «Dios es grande, no hay nada más que Él». Una hermosa llamada, un alivio para el oscuro silencio. Pude dormir como una hora, me duché y me fui a mi tienda, haciendo como si no hubiera pasado nada. Sin embargo, por las noches no conseguía dormir, y fue igual los tres días siguientes. Finalmente, al tercer día ya no podía seguir así y sentía que me iba a morir en cualquier momento, así que me fui a mi casa de Kodaikanal para estar con mi mujer y mis hijos.

Mi madre estaba igual de callada que siempre. No le hablé. Durante dos noches la oí llorar en su habitación a medianoche, pero, como no me parecía que tuviera ningún problema, no quise molestarla. La transformación ocurrió al tercer día. Al salir de la habitación se encontró a mi hijo y su cara se iluminó con la más hermosa de las sonrisas. Más tarde, cuando mi hija volvió a casa del colegio, ella estaba igual de encantadora y sonriente. A lo largo del día se hicieron las mejores amigas y estuvieron en su habitación riendo y jugando, sin rastro del pasado. Después de años de tratamiento sin éxito, ¿qué había ocurrido? Yo no había hecho nada.

«No te preocupes. Ella conoce tu problema sin que tú se lo digas». Esas palabras volvieron a mí. Lo entendí y me embargó un sentimiento de humildad. Desde ese suceso, mi vida ha cambiado para bien. Aunque mi madre aún tiene cambios de humor, son muy suaves, nada en comparación con los de antes. Los niños están creciendo y hay armonía en casa.

Hay otras muchas experiencias que me han hecho entender mejor qué es el espíritu y han sacado a la luz tanto mi arrogante ignorancia como la compasión incondicional del Sátguru. Palabras como fe, amor, respeto y devoción no son suficientes para expresar lo que siento. Las escrituras dicen: «De todas las bendiciones que se obtienen en la vida, ninguna es mayor que conocer a un Sabio».

Que todos reciban esa bendición. Que nadie sufra. *Lokah samastah sukhinó bhavantu* (que todos los seres sean felices).

(Julio de 2011)

Viaje bendito

Maverick

Sugunanandan-achchan,[15] India

Yo ya tuve un guru antes de conocer a Amma: era mi profesor de *káthakali*[16]. Veía actuaciones de káthakali y sentía que había algo de especial en ellas: la corona, los vestidos y el propio baile. Pero, aparte de eso, no poseía un conocimiento especial del káthakali o de cómo se podía adquirir ese conocimiento. Mientras estaba cursando quinto curso de primaria pensé que debía estudiarlo.

De ese modo, empecé a aprender con mi guru y, finalmente, debuté en un templo. En aquella época, el káthakali era la representación principal en los templos y, a veces, había festivales que duraban cuatro días, con una representación de káthakali cada día.

En una ocasión invitaron a todo el grupo de mi profesor a actuar en un lugar llamado Trikunnapura. Representamos la historia del *Duryódhana-vadha*, la muerte de Duryódhana[17]. Nuestra actuación fue el cuarto día, y yo hacía de Krishna. El actor que interpretaba al Señor tenía que estar presente desde el principio hasta el final, cuando matan a Duryódhana, por lo que no pude quitarme el vestido ni la corona ni un minuto.

En la última parte del baile Bhima golpea a Duryódhana repetidas veces, pero Bhima no sabe cuál es su punto débil y que solo moriría si lo golpea ahí. Cada vez que Bhima lo golpea, Duryódhana cae, pero se levanta de inmediato. Finalmente, Bhima, agotado, reza en voz alta llamando a Krishna:

—¡Oh, Krishna!

---

[15] El autor, el padre de Amma, dio este discurso en Ámritapuri para la celebración de Guru Purnima del 18 de julio de 2008. «Achchan» significa «padre» en malayálam. «Achcha» es un vocativo. A Sugunanandan-achchan se le llamaba frecuentemente «Sugunachchan».

La plegaria de Bhima se convierte en una larga canción. En cuanto empieza la canción, Krishna aparece en escena. Ese era mi pie de entrada, pero me quedé dormido en el vestuario que estaba al lado del escenario. Había sido una larga noche y casi estaba amaneciendo. Me desperté cuando ya había empezado la canción y fui corriendo al escenario. En aquella época se actuaba sobre un pedestal y, cuando intenté subir, me resbalé. Mi guru, que estaba allí cerca, me golpeó con fuerza en la espalda. Subí al pedestal furioso.

Mientras estaba allí de pie, hirviendo de ira, pensé: «¡Llevo actuando toda la noche y me golpea en la espalda! ¡Debería dejarlo todo e irme! ¡No me hace falta nada de esto!»

Estaba allí de pie temblando de ira, sujetando la maza y el disco. El golpe en la espalda me había hecho temblar de ira. En la actuación, el actor que hace de Krishna tiene que temblar un buen rato hasta que Duryódhana muere. Al ver mi actuación, mi guru se sintió muy complacido. Se preguntaba: «¿cómo lo habrá conseguido?».

La ira contra mi guru se convirtió en el motivo de su alegría. En realidad no bailaba yo, sino mi ira. Todo el mundo se quedó impresionado con mi actuación. Me dieron la enhorabuena diciendo que era admirable que hubiera podido hacer tan bien mi papel durante tantas horas. Cuando volví al camerino, mi guru me levantó, me puso en su regazo y me colmó de besos de lo feliz que estaba. Mi enfado se desvaneció y me sentí muy feliz.

Cualquier cosa que el guru haga o diga es por el bien del discípulo: esa es la grandeza del guru. Si mi guru no hubiera hecho lo que hizo, yo no habría actuado tan bien. En realidad, cada acción del guru nos adentra más en el camino espiritual.

〜

Una mañana, Damayanti-amma[18] me dijo:

---

[18] La madre de Amma.

—He tenido un sueño.

—¿Qué has soñado? —le pregunté.

—He visto que daba luz a Shri Krishna, lo tenía en brazos y le daba de mamar.

—¡No me sorprende! —le respondí— Adoras a Dios las veinticuatro horas del día. Por eso lo ves en tus sueños. Yo no lo veo, ¿verdad? Yo veo otras cosas en mis sueños, veo a toda clase de comerciantes quisquillosos y a otras personas.

Unos días más tarde, Damayanti-amma me dijo:

—¡He visto una gran luz que parecía venir hacia mí! Y, de repente, desapareció.

Damayanti-amma se quedó embarazada después de ver esa luz. Yo no estaba con ella el día que dio a luz. No había nadie. Teníamos un pequeño almacén al lado de la carretera donde vendíamos arroz, guindillas (ají) y otros productos básicos. Damayanti-amma trabajaba allí e incluso fue a trabajar el día en que nació Amma. De repente, se marchó de la tienda y fue al kálari, y allí dio a luz a Amma. Estaba completamente sola.

Por alguna razón, pasó una anciana vecina. La recién nacida no se movía ni lloraba y Damayanti-amma y la anciana estaban preocupadas. Ya habían muerto tres de nuestros hijos, una antes de Kasturi y los otros dos después de ella. La anciana levantó a la recién nacida, la miró y, al cabo de unos segundos, dijo:

—¡Está viva!

Y la bañó.

—¡Está sonriendo! —dijo después del baño. Y Damayanti-amma se sintió aliviada.

Una vez, cuando volví a casa después de trabajar, Damayanti-amma estaba en la cocina con Amma, que tenía entonces unos cuatro o cinco meses. Estaba acostada en la cuna y no dejaba de llorar. La tomé en brazos y empecé a cantarle una nana para que se callara. ¡Se hizo pis y caca encima de mí! Sí, ¡estoy hablando de vuestra guru! La volví a poner en la cuna y le dije a Damayanti-amma:

—Damayanti, no puedo con ella.

Hace poco, un día que Damayanti-amma y yo nos acercamos a su habitación, me dijo:

—Achchan, tú me tiraste a la cuna cuando te hice caca encima, ¿verdad?

Al principio no tenía ni idea de lo que me estaba hablando, pero más tarde recordé lo que había pasado. A veces nos preguntamos cómo puede recordar todas esas cosas. Hemos tenido muchas experiencias como esa.

Damayanti-amma se levantaba a las cuatro de la mañana, recogía flores y hacía una puja en el kálari. Como a mí no me interesaban las pujas, me quedaba durmiendo. Amma se levantaba temprano para ayudar a Damayanti-amma a traer las flores y participaba en la puja. El resto de mis hijos se quedaba durmiendo, pero Amma era diferente.

También leía libros espirituales. Empezó a leer el *Bhágavatam* Ella sola. Le dije a Damayanti-amma:

—Lees el *Ramáyana*[19] y el *Bhágavatam* con Ella, creando bhakti en esta niña. Déjala que estudie, debería estudiar por lo menos hasta el décimo curso.

Damayanti-amma protestaba:

—No la despierto nunca. Se despierta Ella sola y viene a ayudarme.

Por la mañana, todos mis hijos, incluida Amma, iban a la escuela; pero Ella siempre llegaba después de que hubiera sonado el timbre. Llegaba tarde todos los días. Sus profesores, que me conocían, me preguntaban:

—Sugunananda, ¿por qué tu hija siempre llega tarde a la escuela? Ya se ha convertido en una costumbre.

---

[19] Epopeya sobre la vida de Rama, una de las encarnaciones de Vishnu.

Cuando le pregunté a Amma la razón, no me dijo nada. Los niños que iban a la escuela con Ella me dijeron:

—Va a casa de los pobres. Si están enfermos, los cuida y les da comida; si lleva algo, se lo da. Por eso siempre llega tarde.

—¡No se te ocurra hacer eso nunca más! —le dije. Pero no sirvió de nada. Siguió haciendo lo mismo.

Finalmente, la echaron de la escuela. Había estudiado hasta cuarto curso. Intenté matricularla en una escuela de Kóllam, pero no lo conseguí. Así que Amma se quedó en casa para ayudar.

Hacía todas las tareas de Damayanti-amma. Visitaba las casas vecinas para recoger cualquier cosa que quisieran dar: dinero, arroz, incluso las pieles de tapioca, que sirven de forraje para las vacas. Después iba por las casas de la gente necesitada y lo repartía entre ellos. A veces nos dejaba sin dinero y no podíamos ni comprar arroz. Llegué a pegarla, pero ella seguía ayudando a los pobres y los necesitados, sin inmutarse.

Los padres de Damayanti-amma vivían solos, porque todos sus hijos ya habían dejado la casa familiar. Así que Amma dijo:

—¡Yo iré a ayudarles!

Y hacía todas las tareas.

Sus abuelos plantaban mucho arroz, que luego almacenaban en una gran caja de madera. Amma tomó a escondidas un poco para dárselo a los vecinos pobres. Cuando sus abuelos se enteraron, nos la enviaron de vuelta, diciéndonos que no la dejáramos ir a ningún otro lugar.

Otra vez, en una visita a la hermana mayor de Damayanti-amma, Amma le dijo que Ella le ayudaría. Allí, cada vez que se recogían los cocos, Amma se llevaba muchos para dárselos a los vecinos pobres.

De ese modo, Amma trabajó en varias casas con la única motivación de ayudar a los más pobres. Todo lo que recibía se lo daba a ellos.

En una ocasión le compré unos pendientes. Solo los llevó puestos una semana. La semana siguiente le pregunté:

—¿Qué ha pasado con los pendientes?

—Los he dejado en un lugar seguro —me dijo al principio, y después evitaba responderme.

No quería decirme la verdad y yo pensaba que eso no estaba bien. Agarré un palo y la golpeé hasta que le salió sangre de las piernas. Entonces dijo la verdad:

—Hay una vecina mayor que no ha comido nada en los últimos tres días. Le he dado a ella los pendientes.

Si pasaba algún mendigo por nuestra casa con la ropa raída, le daba nuestra ropa sin decirnos nada. ¿Saben cómo nos enterábamos? ¡Colgaba la ropa del mendigo en nuestras perchas! Por todo eso, a menudo la tenía que pegar durante su niñez.

Recientemente, una persona que había leído la biografía de Amma vino y me dijo:

—¿Es usted Achchan?

—Sí, lo soy—le respondí respetuosamente.

—¿Cómo pudo ser tan cruel? —me dijo

—¿Qué quiere decir? —le pregunté.

—¿Por qué pegaba tanto a Amma? ¿Por qué lo hacía?

—¡Amma no nos dijo que Ella fuera divina! Por supuesto que ahora me doy cuenta de que hice mal —le respondí.

—¿Puedo preguntarle algo? —añadí— ¿No fue Yashoda quien ató a Krishna y le pegó? ¿Por qué no se opone a eso? ¿No fue la madrastra de Rama la que lo expulsó al bosque? ¿No estuvo eso también mal? Al igual que ellos, nosotros también nos equivocamos. Al igual que ellos, nosotros tampoco sabíamos que Amma fuera la encarnación de Dios.

Cuando Amma tenía dieciséis o diecisiete años, valoramos diversas propuestas de matrimonio para Ella. Al final, nos decidimos por un hombre. Cuando vino a ver a Amma, Ella corrió hacia él con un gran palo intentado pegarle. Nunca más lo volvimos a ver. Sentimos mucha vergüenza.

—¿Cómo pudiste hacer eso? —le pregunté— Nosotros fuimos los que le invitamos.

—Puedes arreglar los matrimonios de tus otros hijos, pero no el mío —replicó Amma— ¡Ni se te ocurra!

Desde entonces dejamos de intentarlo. ¿Y si volvía a perseguir con un palo al próximo pretendiente que viniera?

～

Cada día, después de la puesta de sol, nuestra hija iba a algún lugar solitario a meditar. Como entonces no había ningún áshram cerca, no teníamos conocimiento alguno de lo que era la meditación o el japa. Ella solía murmurar una u otra cosa que no entendíamos. Pensábamos que estaba diciendo tonterías. Yo la agarraba de la mano y la llevaba a casa.

Había una letrina al lado de la ría. A veces Amma iba allí y empezaba a murmurar para Sí misma. Era un lugar privado y allí nadie podía verla; y, aunque lo hicieran, Ella seguía con el murmullo.

También se ponía a contemplar las fotos de las deidades que Damayanti-amma tenía colgadas en las paredes y se pasaba largos ratos hablándoles. Vimos muchas veces ese extraño comportamiento de Amma y nunca entendimos lo que estaba haciendo. En ese momento no había nadie que pudiera hablarnos de la sádhana y Ella tampoco nos lo explicaba.

Damayanti-amma era muy exigente respecto a que las chicas no podían hablar en voz alta. Decía que ni el techo debía oír lo que decían. Sin embargo, Amma siempre hablaba en voz alta.

～

La sonrisa de Amma y su baile en el Krishna Bhava creaba una atmósfera de dicha divina que mucha gente disfrutaba.

Sin embargo, los aldeanos se oponían al Krishna Bhava y nos causaron muchos problemas. Nos denunciaron en la comisaría de policía e incluso nuestros propios familiares se pusieron en contra de nosotros. Nos preguntaban: «¿Por qué brinca de esa manera?».

Entonces empezó el Devi Bhava y aquellos que decían que el Krishna Bhava era vergonzoso afirmaron que el Devi Bhava era fraudulento. Algunos se burlaban de nosotros diciendo:

—Si no tenéis dinero para pagar la dote y casarla, os lo podemos prestar.

Amma empezaba el Devi Bhava bailando y era un espectáculo maravilloso. No sé quién le dio esa gran espada y el gran tridente, pero solo verlos ya daba miedo. Amma sujetaba ambos y bailaba frenéticamente en el kálari durante tres o cuatro horas. El suelo, que era de cemento, se agrietaba. ¡Así de poderoso era el baile de Amma!

Todo eso me afectaba mucho. Me parecía que la manera de actuar de mi hija era un escándalo público.

Después del Devi Bhava, el cuerpo de Amma se quedaba completamente inerte por un tiempo, lo que me asustaba. La gente le echaba agua para reanimarla.

—De acuerdo, si eres realmente Devi, vete a Kodungullur o a Mandakkadu[20]. ¡Deja a mi hija en paz! —le dije un día.

—Entonces lo que tú llamas tu hija sencillamente se caerá al suelo y se morirá —replicó Amma—. ¿Qué harás entonces con tu hija? La tendrás que incinerar. Así que yo no soy tu hija. El *Atma* (el Ser propio) viene de Dios. Tu derecho se refiere tan solo al cuerpo.

—¡No me discutas más! —le respondí, enfadado.

Al día siguiente me mantuve alejado durante el Devi Bhava. Un rato después oí que la gente gritaba:

---

[20] Templos dedicados a Devi (la Diosa) en el centro y el norte de Kérala respectivamente.

—¡Se ha caído al suelo! ¡Ha muerto! ¡No respira! Hemos intentado darle de beber, pero no traga el agua.

La gente empezó a gritar y a golpearse el pecho apenada. Cuando llegué allí, vi el cuerpo sin vida de Amma. Habían pasado tres horas. Me arrojé al suelo postrándome ante Ella, abracé su cuerpo y me eché a llorar, mientras decía:

—¡Oh, mi Amma, nunca más te hablaré así! ¡Solo lo hice porque pensaba que eras mi hija!

Ahora, solo recordar la escena me causa dolor.

Después vimos que su cuerpo se movía un poco. Volvió a la vida. Desde aquel momento, ya no le he vuelto a decir nada de mi hija a Amma; no he sido capaz ni de pensarlo. Esa experiencia fortaleció nuestra fe en su divinidad.

En aquella época, yo no tenía una fe plena en la divinidad de Amma. Un día me llamó y me dijo:

—No lo dudes. Van a ocurrir muchas más cosas que ni te imaginas...

Amma dijo que el número de devotos iba a crecer exponencialmente, pero no la creí. Mucha gente seguía viniendo y yo les preguntaba a algunos:

—¿De dónde venís?

—De Vavakkavu.

—¿Es la primera vez que venís?

—Venimos todos los Bhava darshan.

—¿Por qué?

—Después de venir aquí, nos han sucedido cosas muy buenas —me respondió una vez una mujer.

En una ocasión, una mujer me dijo:

—Llevo diez años casada y no había conseguido concebir. Este bebé vino después de recibir la bendición de Amma.

No dejaba de oír historias como esa. Poco a poco, empecé a creer.

Actualmente, mucha gente me pregunta:

—Achcha, Amma se ha hecho mundialmente famosa. Al verlo, ¿te sientes alguna vez orgulloso?

—En absoluto —les respondo—. Soy una persona común y corriente. Otra persona es la que está detrás de todo esto. Me da mucha felicidad verlo. Damayanti-amma y yo pensamos que hemos sido muy afortunados por haber sido testigos de este excepcional acontecimiento divino; pero el mérito no es nuestro.

∼

Una vez le pregunté a Amma:

—Si construyes casas para tanta gente, ¿por qué no construyes una para mí?

—¿Para qué necesitas tantas habitaciones? —me preguntó Amma— No las necesitas.

Entonces, le dijo al brahmachari que estaba a cargo de las cuentas del áshram:

—No le prestes nunca dinero a Achchan.

Así que, cada vez que le pido un préstamo, él me responde:

—Vamos a pensarlo.

O a veces me dice:

—Voy a preguntarle a Amma.

—¿Se lo has dicho a Amma? —le pregunto unos días más tarde. Y no me dice nada. Yo sé que no se lo ha dicho porque Ella ya le ha ordenado que no me deje nada de dinero.

Por eso, ahora vivo al lado de la tienda de verduras. Si alguien pregunta:

—¿Dónde está Acchan?

—Al lado de la tienda de verduras —responde la gente.

De verdad que mi único deseo es vivir de mis ingresos. Incluso a mi edad, sigo haciendo barcos. No acepto ni un simple paisa de nadie.

A veces tengo ganas de ver a Amma y voy a su habitación. En cuanto llego, Amma me pregunta:

157

—¿Por qué has venido? ¿Qué quieres decirme? ¿No ves que tengo muchas cosas que hacer? ¡Vete!

Otras veces dice:

—Cuando Acchan viene, no me deja trabajar.

Entonces yo le digo adiós y me marcho.

En una ocasión, tenía un anillo que me apretaba mucho. Me acerqué a Amma y le dije:

—Quiero otro anillo, porque este me aprieta.

—¿Para qué quiere un anciano como tú un anillo? —me respondió— Pídeselo a Dios. Él es nuestro verdadero amigo.

Me quedé callado. Entonces Amma siguió hablando:

—Lakshmi,[21] llévate el anillo.

Agarró el anillo y yo pensé que me daría otro, pero se fue. Entonces Amma dijo:

—Aquí ya no hay ningún anillo. Márchate, por favor.

Me sentí muy avergonzado y, cuando volví a casa, Damayanti-amma me preguntó:

—¿Dónde está tu anillo, Achcha?

—He perdido lo que tenía y lo que esperaba —le respondí, y le conté todo lo que había ocurrido.

—¡Qué vergüenza! ¿Cómo se te ha ocurrido hacer eso? —me respondió Damayanti-amma.

Cuatro días más tarde, Damayanti-amma y yo estábamos sentados enfrente de casa. Radhamani estaba limpiando el patio. Eran las cuatro y diez de la tarde exactas, cuando un águila apareció de la nada, descendió en picado y lanzó algo. Radhamani lo vio y dijo:

—El águila ha tirado algo.

Le dije que lo recogiera y resultó que eran un reloj y un anillo que me venían perfectamente.

Pensé esto: «Por lo general, un águila solo recoge chatarra, no carga esas cosas desde lejos. Además, había mucha más gente

---

[21] La brahmachárini Lakshmi es la asistente personal de Amma.

en la zona; sin embargo, lo lanzó justo delante de nosotros y se posó en un cocotero hasta que lo recogimos».

Me fui inmediatamente a la sala del teléfono y le dije al brahmachari Raju:

—Llama a Amma inmediatamente.

—¿Qué ocurre, Achcha? —me preguntó.

—¡Llámala!

Marcó el número y me dio el teléfono. Le dije:

—¿Para qué me has enviado esas cosas con un águila? Podría haber ido yo a recogerlas personalmente.

—¿Qué? —me respondió.

—¡Yo podía haber recogido el reloj y el anillo, no hacía falta que los mandaras con un águila! —le repetí.

Amma se quedó en silencio. No me ha dicho nada sobre el anillo hasta la fecha, ni tampoco ha dicho que quisiera verlo.

Desde entonces tengo el anillo guardado en la sala de puja. Algunos lo habéis visto. Otros pensarán que eso no pudo ocurrir, y por eso mismo lo guardo en la sala de puja. Todos los que lo han visto han dicho que nunca habían visto un anillo así.

¡Han sido tantos los milagros ocurridos en nuestra vida...!

(Octubre de 2008)

Sobre brasas incandescentes

Kasturibai, India

La gente me respeta por mi madre, que posee un gran mérito espiritual, y por mi hermana pequeña, la misma Diosa del Universo. Mi hermana pequeña recorrió valerosamente el camino más arduo, cubierto con brasas de un rojo incandescente, por decirlo de algún modo. Ella, que brillaba como una lámpara en nuestra pequeña aldea, es ahora un faro de luz para millones de personas de todo el mundo. A mi hermana pequeña, Shri Mata Amritanándamayi Devi, no se la puede describir bien con palabras, ni entenderla con la emoción.

Pertenecemos a una familia de pescadores de clase media baja. Mi padre, Sugunachchan, llevaba varios pequeños negocios. Mi madre, Damayanti-amma, era la personificación de la devoción. Los aldeanos la llamaban «*Pattatti-amma*» (la brahmana) por su devoción y respeto por las prácticas religiosas tradicionales. Tuvo once hijos, de los cuales yo soy la segunda. Mi hermana mayor, Ratnámbika, murió cuando tenía cuatro años y medio. Entonces yo tenía dos años y medio. Después vino Subhagan. Tras él, otro niño que murió en el mes de *túlam* (octubre – noviembre), a los cincuenta y tres días de haber nacido.

Once meses más tarde, en *kanni* (septiembre), mi madre dio luz a Shri Mata Amritanándamayi Devi. La llamaron Sudhámani, y se encarnó el día de *kártika* (la tercera constelación, las Pléyades) a las ocho y media de la mañana. Ahora me viene un recuerdo con toda claridad: las piernas del bebé estaban flexionadas por las rodillas, como si estuviera sentada en la postura del loto. Solo ahora me doy cuenta porque con los cuatro años que tenía en ese momento no lo podía entender. Cada etapa de su crecimiento físico fue extraordinaria. No giró su cuerpo para empezar a gatear, sino que se puso directamente de pie. Antes incluso de poder sentarse, ya estaba intentando dar los primeros pasos. Nos dábamos cuenta de todas esas cosas, pero no teníamos la sabiduría necesaria para entender su significado.

Cada vez que veo que Amma abraza a todo el que se le acerca, se ocupa de sus penas e infinidad de personas le rinden culto, siento en mi interior una inmensa y secreta alegría. La he llevado en brazos, la he mecido para que se durmiera y he ido caminando al colegio Kurittura Fisheries, llevando de una mano a Subhagan, que ya murió, y de la otra a Sudhámani.

En cuanto a los estudios, era extraordinariamente brillante. Subhagan y yo nos gastábamos en caramelos el dinero que nos daban nuestro padre y nuestros tíos, pero a Ella nunca la vi hacer eso. De hecho, le daba el dinero a la gente que veía triste. Todo lo que recibía era para la felicidad de los demás, mientras que nuestro dinero era para nuestros propios placeres. Ya siendo tan pequeña, Amma sacrificaba su propia felicidad por el bienestar de los demás.

La tez de Amma es morena mientras que la mía es más clara. Sin embargo, Ella nunca se quejó de no tener la piel más clara. Ahora me doy cuenta de que, ya entonces, en Ella no había lugar para esa clase de pensamientos. No solo eso, sino que además nunca mostró ninguna inclinación por la ropa nueva o bonita.

Como hija mayor, yo tenía un lugar especial en la familia, pero actualmente Amma ocupa el primer lugar en el corazón de muchos.

En cuarto curso Amma empezó a padecer intensos dolores de estómago, que siempre empezaban al poco de llegar a clase. La profesora la mandaba a casa acompañada de Aisha, la hija de la hermana de Sugunachchan. Mi hermano y yo nunca nos enteramos de ese problema.

Por entonces, la salud de Damayanti-amma era frágil. Ahora creo que Amma dejó la escuela para poder asumir la carga de trabajo de nuestra madre. En cuanto llegaba a casa, Amma se sumía en las tareas sin mencionar siquiera el dolor de estómago. Desde esa tierna edad, asumió la carga de todas las tareas domésticas.

Cuando Amma dejó de ir a la escuela, se ocupó de la cocina de casa y, mientras todos nos preparábamos para ir al colegio, cocinaba con muy buen talante y nos hacía la comida para que nos la lleváramos. Después, salía a la puerta para despedirnos. El tiempo ha demostrado cuánto más elevada es la sabiduría de Amma comparada con el conocimiento que nosotros adquirimos en la escuela o la universidad. Actualmente, Amma es la guru de todos sin distinción, ignorantes y sabios.

También recuerdo algunos hechos curiosos que ocurrieron en aquella época. Como teníamos una vaca, los niños nos encargábamos de salir a recoger hierba. En eso Amma era muy buena, recogía el doble de hierba que nosotros en la mitad de tiempo. Después desaparecía y solíamos encontrarla sola con los ojos cerrados, en comunión con Dios. Nosotros, como no lo entendíamos, pensábamos que no estaba bien.

En los días propicios, nuestra familia servía comida a los pobres de castas más bajas. Nunca los dejábamos entrar en casa. Lo hacíamos en el porche, como era la costumbre en aquella época. Las personas de la casta más elevada ni siquiera se acercaban a las de las castas más bajas. Les dábamos un cuenco de barro lleno de la sopa de arroz, una servilleta y aceite. En un abrir y cerrar de ojos, Amma aparecía entre los que estaban sentados más lejos comiendo y empezaba a tomar la la sopa de sus cuencos. Por ese comportamiento, bastantes personas de nuestra aldea y de nuestra casta empezaron a hablar despectivamente de nosotros. Amma tampoco dudaba en besar y abrazar a los niños, aunque estuvieran sucios. Ella nunca percibía la suciedad exterior del cuerpo. Siempre que alguien expresaba algún sufrimiento, le daba el dinero que había en casa.

En aquella época, nosotras, las chicas de casa, nunca nos adornábamos con pulseras o marcas en la frente, porque nuestra madre no aprobaba esas cosas. Damayanti-amma nos crió a sus cuatro hijas de la manera más estricta. Nos teníamos que levantar a las cuatro de la madrugada y, si no lo hacíamos, nos echaba agua sobre la cabeza. En muchas ocasiones, mis hermanas y yo nos despertamos empapadas, pero Amma nunca: siempre se levantaba a la hora.

Siempre que había un tira y afloja por la sábana o la manta, Ella permanecía al margen. No solo eso, sino que además cedía su parte de sábana; pero, cuando todos nos habíamos dormido, la manta volvía a ser suya.

En cuanto a la comida, Amma era un auténtico ángel: nos daba su ración para que no sufriéramos las punzadas del hambre. Le encantaba llenarnos el estómago.

Amma tenía un cariño especial por Sathish, nuestro hermano más pequeño, lo que me daba envidia. Se llevaban diez años de diferencia y, desde que era bien pequeñito, Amma lo cuidó como una gallina a su polluelo, bajo sus alas. Desde pequeño él tenía asma y, cada vez que se ponía enfermo, Amma cruzaba la ría con él e iban hasta el Vallickavu Government Hospital, hacían cola, compraban las medicinas y volvían a casa. Actualmente, todos los hospitales que tiene bajo su dirección, incluido el Hospital AIMS, atienden a cientos de miles de personas. Tanto antes como ahora, los enfermos y los que padecen dolor disfrutan de su gracia especial.

Amma empezó a recibir clases de costura mientras yo estudiaba en el Industrial Training Institute (ITI) de Karunágapally. Ella tenía quince años. Empezó las clases en una casa de Clappana, y después siguió en la Iglesia de ese mismo lugar. Amma aprendió en poco tiempo todo lo básico de la costura. Nos sorprendimos al ver lo bien que aplicaba lo que había aprendido y muy pronto se hizo experta en coser a mano, bordar y coser a máquina. La gente de la aldea empezó a hacerle pedidos. Ella se llevaba la tela a la iglesia y allí cosía faldas, camisas y enaguas. Si recibía dinero por esas labores, se lo daba todo a Damayanti-amma.

A los diecisiete años fue a una casa vecina para la lectura del *Bhágavatam* y fue allí donde reveló su divinidad. Era el mes de *kúmbham* (febrero – marzo), el día de *ketta* (décimo octavo asterismo lunar, Antares). Cuando Amma hizo algunas *mudras* (gesto de la mano de origen místico), algunos de los presentes declararon que Ella era la encarnación de Dios. Uno de ellos le preguntó si podía dar pruebas de su divinidad. Yo no estaba ese día.

Después de eso, durante unos días Amma no habló mucho con nosotros y empezó a pasar más tiempo meditando. Siguió así hasta el siguiente día de *ketta*, al mes siguiente. Ese día Amma volvió a ir a la casa vecina durante las oraciones y la lectura del *Bhágavatam*. La seguí, ya que tenía mucha curiosidad. Además, otra razón era que todo lo que se estaba hablando de Ella y su distanciamiento me causaba dolor. Ese día Amma convirtió en *panchámritam* (pudín dulce hecho de cinco ingredientes) el agua de una vasija que le dieron. Fui testigo de todo con mis propios ojos. Después de repartir el panchámritam como prasad a todos los reunidos, Amma se marchó. Me sentía angustiada por todo lo ocurrido y la seguí en silencio.

Me sentía mal de ver que mi hermana menor, con su edad, estaba haciendo todas esas cosas, porque en nuestra cultura las mujeres, y en especial las jóvenes que aún no están casadas, deben comportarse de manera recatada y sumisa. Sin embargo, también sentía que en Ella había una especie de poder divino. Como estudiante de electrónica, debería haber optado por una perspectiva racionalista, pero cuando reflexionaba con calma sobre lo ocurrido, una voz dentro de mí me decía que, aunque mayor que Amma en edad, que además me vanagloriaba de poseer una educación superior a la suya y de tener la piel más clara, yo nunca podría hacer lo que Amma estaba haciendo. Fue entonces cuando empecé a tener fe en el poder divino de Amma. *«Víshvasam tannenne rákshikku, jagadambe...»* («Oh, Madre del Universo, concédeme fe y así sálvame...»): esa oración de Amma se convirtió en una bendición en mi vida.

Tras ese suceso, empezó a venir mucha gente a ver a Amma. Ella cantaba bhajans con ellos. Después de los bhajans hacía el darshan de Krishna Bhava, en el que entregaba ceniza y agua sagrada a los devotos. Curó las enfermedades de muchos de ellos, que después volvían para verla. Solo nos enteramos de eso cuando ellos mismos nos contaron cómo Amma los había curado con su compasión.

En aquella época, los darshan de Krishna Bhava se hacían los domingos, martes, jueves y viernes. Amma encendía una lámpara frente a lo que actualmente es el kálari del áshram y empezaba a dar darshan. Lo que era el establo de nuestra casa fue lo que posteriormente se convirtió en el kálari. Presenciamos a todos aquellos cuyas enfermedades había curado y los que había aliviado en sus penas le llevaban ropa de seda, una corona y un tridente. Mi hermana, que solía ir por ahí con una blusa y una falda, se convirtió en su deidad amada.

En una ocasión, la lámpara que se había encendido para el bhava darshan empezó a apagarse, porque el aceite se había consumido. Miró la mecha, hizo un gesto de bendición y la lámpara siguiendo ardiendo hasta que el bhava darshan hubo acabado, y eso que no quedaba ni una gota de aceite. Ese suceso fortaleció mi fe en el poder divino de Amma. Ella no hablaba de los cambios que ocurrían en Ella durante el bhava darshan. En aquellos días, hasta su propio padre y sus hermanos la miraban con recelo. Pero, durante el bhava darshan, Harshan (nuestro primo) y Unni (ahora Swami Turiyamritananda) estaban a su lado.

Sugunachchan insistía en que todos los que venían por el bhava darshan debían abandonar el lugar en cuanto hubiese terminado. Ahora me doy cuenta de cuánta ansiedad le debió causar el cambio de comportamiento de su hija durante los bhava darshan y el ver a los devotos congregándose para contemplarla. Como padre de varias hijas, Sugunachchan también lo pasó muy mal con la llegada de los brahmacharis. Una vez, cuando le serví al brahmachari Shri (ahora Swami Purnamritananda) una sopa de arroz después de los bhajans, Sugunachchan me reprendió con severidad.

En aquella época, los domingos mis amigas y yo recogíamos flores para hacer guirnaldas. Después se las poníamos a Amma alrededor del cuello durante el Krishna Bhava. Cuando lo hacíamos, Amma repetía todo lo que habíamos dicho sobre Ella mientras buscábamos las flores y trenzábamos las guirnaldas.

Solo había un autobús que llegaba al cruce de Vállickavu. La gente que venía de lejos se bajaba allí, cruzaba la ría en una barca y acudía a recibir el darshan de Amma. Si alguien les preguntaba dónde iban, respondían que iban a «Vállickavil-amma» («la Amma de Vállickavu»). De ese modo, fueron los devotos de fuera del áshram los que empezaron a llamarla «Vállickavil-amma».

Una vez, cuando vinieron los devotos, empezó a llover a cántaros y no había suficiente espacio para todos en el kálari. Y justo, empezó a diluviar alrededor del kálari y de la casa de Amma sin tocar esos dos lugares.

Siempre que me bajaba en la parada de autobús de Vállicka-vu al volver de clase, había muchos que se burlaban y gritaban: «¡Krishna, Krishna!» Conseguía llegar a la barca conteniendo las lágrimas y, cuando cruzaba y llegaba con Amma, toda mi angustia desaparecía.

Algunas personas empezaron a mostrar su oposición a Amma y los bhava darshan. Aunque era un número pequeño de personas, su comportamiento molestaba enormemente a mi padre. Durante ese período mi mente empezó a pensar muchas cosas: «¿Y si nos escapamos Amma y yo a algún lugar lejos de aquí?» O: «¿Y si las dos nos suicidamos juntas?» Yo les había estado dando clase a algunos niños y había podido ahorrar un poco de dinero. Un día fui a Amma y le dije:

—He ahorrado algo de dinero dando clase. Con ese dinero podemos construir un áshram.

Amma, cuando lo oyó, se echó a reír. En realidad, yo solo pensaba en una cabaña con techo de paja. En ocasiones Amma todavía se ríe de mí por esa anécdota:

—¿Eres tú la que dijo que iba a construir un áshram con sus ahorros de las clases particulares, querida hermana?

También se lo contó a los swamis.

Los aldeanos y los familiares, que al principio se oponían a Amma, ahora la veneran, la quieren y le rinden culto. Amma bendijo a los que acudieron a Ella y sus vidas se elevaron.

Amma insistió en que se agilizaran las bodas de sus hermanas. La primera que tuvo lugar fue la de Sugunamma. Después fue mi boda, en 1980. Sajani se casó en 1981. En cuanto todas las chicas de la familia estuvieron casadas, Amma registró el áshram. Después de mi boda, Sugunachchan donó diez cents[22] (= 400 metros cuadrados) de tierra al áshram. Entonces fue cuando se fundó el áshram y los primeros residentes construyeron nuevas cabañas y empezaron a vivir en ellas.

En una ocasión, Amma les pidió que construyeran más cabañas. Dos días después de terminarlas llegaron nuevos brahmacharis. Amma pudo predecir su llegada.

Al casarme me enviaron a Cheriyarikkal, pero incluso entonces iba todos los días a ver a Amma. Un día, cuando fui a verla, Amma me tocó el vientre y recitó: «¡Shiva! ¡Shiva!» Semanas más tarde me enteré de que estaba embarazada, aunque el sabio ojo de Amma ya lo había visto. Después, llamó a mi bebé «Shivan».

---

[22] Unidad de medida que todavía se utiliza en varios estados del sur de la India.

Amma inició los proyectos humanitarios desde el momento en el que se fundó el áshram. Ayudaba a todos aquellos que no podían pagarse la boda o construir su propia casa. En 1995 o 1996 Amma creó *Amritakutíram*, un proyecto para construir casas para personas sin hogar. Las celebraciones del cumpleaños de Amma fueron la plataforma de lanzamiento de las iniciativas humanitarias. Poco después de poner en marcha Amritakutíram, creó *Amritanidhi*, un plan de pensiones para personas necesitadas. Después, en todos los cumpleaños, ha dirigido bodas en grupo. En su cincuenta cumpleaños casó a ciento ocho parejas. De ese modo, gracias a la compasión de Amma pudo casarse mucha gente que de otro modo no habría podido pagárselo. A partir de entonces Amma incluso les proporcionó empleos seguros a muchos de ellos. Todo esto es prueba suficiente de que Amma ha apoyado a muchas familias para que pudieran crecer y florecer.

Todos tenemos nuestros gustos y caprichos. Yo no tengo demasiados. Aun antes de que naciera mi hijo, Amma ya le había dado un nombre y lo llamaba así en voz alta. Ahora mi hijo está casado y tiene hijos. Es decir, ¡soy abuela! Mientras entretengo a mis nietos en mi regazo, solo tengo una historia que contarles: la historia de la familia Idamannel y de mi hermana, Amma. Mi plegaria es: que ellos sigan el camino correcto. Tengo fe en que Amma los bendecirá para que puedan superar los obstáculos que encuentren en el viaje de la vida, del mismo modo que ha bendecido a toda nuestra familia y sigue bendiciendo al mundo entero.

(Diciembre de 2011)

Viaje bendito

Sathish Idamannel, India

Yo fui uno de los ocho hijos de la familia Idamannel. Nací después de Sudhámani, a quien ahora se conoce en el mundo entero como «Amma». Recuerdo que, ya desde muy pequeña, se ocupaba de las tareas de casa a la vez que estudiaba y cuidaba y consolaba a los más necesitados. No había ni un momento en el que descansara de esa actividad frenética. Incluso ahora no hay un momento en que no esté haciendo algo: dar darshan, dirigir proyectos humanitarios o atender a sus hijos. Sin embargo, ahora sé que Amma está en paz incluso entre tantas actividades.

La mayor parte de mis recuerdos de infancia están relacionados con mi enfermedad, ya que tuve asma desde muy pequeño. Durante la época del monzón la enfermedad se agravaba y, si contraía cualquier otra dolencia, el asma también aparecía como algo habitual, empeorando las cosas. Mi vida estaba llena de enfermedad y desesperación. Cuando expresaba mis temores, los demás no me entendían. Mis hermanos mayores solo intentaban ayudarme cuando me ponía a llorar. Sin embargo, Amma no era así. Ella conocía mi mente. De ese modo, mi amor a Amma se hizo más fuerte y nuestra relación se volvió muy estrecha. Sin tener que decirle nada, entendía mi sufrimiento mental y físico y actuaba en consecuencia.

Una vez, en la temporada del monzón, mis problemas respiratorios se agravaron. Los adultos hicieron que me quedara en la cama y me taparon con mantas antes de irse a sus tareas. La soledad aumentó mi sufrimiento. En poco tiempo me subió la fiebre y, agotado, quedé inconsciente.

De repente, Amma apareció de la nada, se puso a mi lado, me sacó de la inconsciencia y me consoló. Después me cargó en su espalda y salimos. En aquella época no había vehículos que conectaran nuestra aldea con el mundo exterior, ya que estaba rodeada por el mar y la ría. Después de cruzar la ría en barca, Amma me llevó apresuradamente hacia el hospital público, cargándome en su espalda. No dejó de correr en todo el camino. Todavía recuerdo cómo me agarraba a Amma, con los brazos en su cuello, los sentidos adormecidos y medio inconsciente por el calor de la fiebre. Cuando llegamos al hospital me dieron medicación para aliviar el dolor.

Cuando mejoré un poco me di cuenta de que Amma deseaba que me librara de la enfermedad incluso más que yo y se esforzaba por ayudarme a mejorar. Amma es incansable cuando se trata de liberar a alguien que se encuentra atrapado en las garras de la enfermedad, no solo a mí.

Con el paso de los años he visto a gente con toda clase de enfermedades encontrar alivio y consuelo en su regazo y en sus brazos. Amma los acerca a Ella y les dedica palabras llenas de dulzura. Su corazón sufre si ve sufrir el de ellos. ¿No es acaso el suyo el corazón de una Madre?

Los años pasaron y el asma fue mi compañera inseparable, una cadena que ponía trabas a mi libertad. No podía jugar con los demás niños, bañarme en la ría y ni siquiera comer mi comida favorita. El mínimo cambio en mi entorno hacía que me quedara sin respiración y la medicación apenas me proporcionaba un alivio temporal.

Un estado mental extraño empezó a apoderarse de mí. Solo podía pensar en cómo librarme del ahogo. Los tratamientos evolucionaron, así como la medicación, pero los médicos dijeron que, como la enfermedad era congénita, no podía curarse del todo. La sensación de falta de libertad me perseguía incansablemente. ¡Cuánto ansiaba librarme de las terribles garras de esa enfermedad!

Todo ese tiempo pensaba en Amma. No podía olvidar cuánto quería Ella que me curase. Un día le dije que quería librarme de esa agonía sin fin, que mi gran deseo era gozar de buena salud. Amma me abrazó y sonrió. Después me dijo, sin dejar lugar a duda y con gran dulzura, que la enfermedad se curaría. No oí la voz de mi hermana: era la voz de Amma, la Madre Divina, que deseaba curarme. Nadie más que Amma puede consolar así a otra persona.

El asma, que me había perseguido como una sombra, pronto desapareció y nunca más ha vuelto hasta hoy. El sankalpa de Amma de librarme del sufrimiento se cumplió, y mi fe en ella se hizo más fuerte. La bendición de tener fe fue otro regalo de Amma.

∾

Yo era uno de los residentes del áshram en sus orígenes. Sugunachchan había donado su casa y diez cents (400 metros cuadrados) de terreno para la creación del áshram. En aquella época las comodidades eran mínimas. Todos los brahmacharis, yo incluido, compartíamos el mismo espacio. Mi aspiración era descubrir qué había más allá de lo conocido. Cada palabra de Amma aumentaba nuestra confianza y nos inspiraba enormemente, aunque también era estricta en la disciplina del áshram y no nos permitía incumplir el programa diario establecido. Aunque yo nunca incumplía la disciplina del áshram, me sentía culpable por otra cosa: mi orgullo de ser el hermano de Amma.

La persona a cargo del alojamiento y otros asuntos parecidos en el áshram era el brahmachari Nealu, ahora Swami Paramatmananda Puri. Era estrictamente disciplinado y revisaba cada una de las cabañas donde se alojaban los brahmacharis. Un día me hice con dos esterillas en lugar de una, que era lo que nos correspondía a cada uno. Pensaba que, si ponía una encima de la otra, no tendría tanto frío. En el momento en que me acosté, el brahmachari Nealu entró en la cabaña. Al ver que tenía dos esterillas dijo que nos correspondía una por persona. Eso no me gustó nada. ¿Acaso no tenía yo derecho a una esterilla extra? Eso es lo que pensé. Incluso le llegué a decir que la India ya era independiente y que ya hacía mucho tiempo que los occidentales no tenían derecho a mandar a los indios.

El brahmachari Nealu salió de la cabaña e imaginé que iría a quejarse a Amma, así que preparé las respuestas que le iba a dar. Los acontecimientos ocurrieron tal como esperaba, pero el resultado fue inesperado. Cuando Amma me preguntó, le dije que Nealu no tenía derecho a aplicar las normas de Amma.

La respuesta de Amma no tuvo piedad. Me dijo que si quería seguir en el áshram como residente no solo tenía que escuchar a los seres humanos, sino también al insecto más diminuto.

Herido, me marché del áshram. Decidí irme y ponerme a trabajar. Me alojé en casa de un amigo y, a medida que pasaban los días, mi perspectiva cambió radicalmente. ¿Que esperaba que me dijera Amma? Me di cuenta de lo fuerte que era entonces mi ego.

Volví a Amma con profunda tristeza y me postré ante sus sagrados pies, reconociendo mi error. No había ni rastro de dureza en su rostro. Sonrió, me acercó a Ella y me explicó la importancia de controlar la mente. Amma, que es la médica de la mente, me hizo entender lo estúpido que puede ser el ego.

$\backsim$

Pasé algunos días como sacerdote en el templo del áshram de Kurampala, en Pandalam. Mientras estaba allí tuve una experiencia muy amarga. Un residente de la zona intentó destruir el templo y yo pensé que el edificio tenía que afrontar ese destino por errores míos cometidos durante las pujas. No pude dormir en toda la noche, atormentado por ese pensamiento.

A la mañana siguiente, temprano, llegó al templo Swami Amritatmananda Puri. Dijo que Amma lo había enviado porque algo me pasaba. Cuando lo escuché, no me sorprendió. Me di cuenta de que se puede estar en comunión con Amma incluso en la distancia.

También recuerdo los días en que la sombra del ego me atrapaba mientras asistía a las clases de vedanta, que me parecían difíciles. Pensaba que estaba preparado para renunciar a todo e irme al Himalaya. Ahora me doy cuenta de que el verdadero conocimiento de la vida no se obtiene de los Vedas, los puranas o las úpanishad, sino de la presencia viva de un guru como Amma. Cada momento de la vida de Amma transmite un mensaje sublime. ¿Hacía falta irse a buscar la Verdad cuando Amma estaba justo allí frente a nosotros como la personificación de las experiencias espirituales y del Principio Supremo?

≈

En 2004 un tsunami devastó la costa de Kérala. En aquellos momentos yo estaba en Álappad, donde las olas del mar causaron la mayor destrucción. El ver a tantos seres queridos fallecer en el agua me impactó y me entristeció. Me uní a las actividades de salvamento, ayuda y rehabilitación que se llevaron a cabo bajo la dirección de Amma.

Amma acogió en su regazo a los desesperados supervivientes y los consoló. También se aseguró de que estuvieran a salvo y bien cuidados. Como testigo, vi el modo en que Amma era el único refugio de sus hijos, lo que me conmovió enormemente.

Por entonces me acababa de enterar de que tenía un problema de corazón, que los médicos dijeron era congénito. Me recomendaron tomar siete pastillas diarias, pero la devastación que provocó el tsunami me hizo pensar: «¿Para qué tomar medicamentos si la vida es tan fugaz?»

Decidí que, si mi destino era estar protegido por Dios, con esa protección sería suficiente. En ese mismo instante dejé las pastillas que siempre había llevado conmigo. Me dije que una mente centrada en Amma era suficiente y que no hacía falta nada más.

Ya han pasado más de diez años. Ahora ya no pienso en las pastillas ni he tenido ningún problema de corazón. Amma, que al principio había sido la médica de mi cuerpo, se convirtió también en la médica de mi mente. La misma fe que me redimió del sufrimiento por la enfermedad de mi cuerpo está eliminando de mi mente la idea misma de la enfermedad. La fe me libera de la ansiedad y los miedos interiores. Por la fe he adquirido valor y verdadera conciencia. Amma, que encarna la Verdad más elevada, ha demostrado ser más que una simple médica del cuerpo y de la mente. Ella es la médica del alma.

(Septiembre de 2014)

Yo le di clase a Amma

Selin Rodrigues, India

Solía caminar desde Clappana hasta el embarcadero de Vállicka-vu. Allí tomaba una barca y, cuando había cruzado la ría, iba por un atajo para llegar al colegio Kuríttura Fisheries. En una ocasión, vi algo en una de mis caminatas que permanece claramente en mi memoria hasta el día de hoy: había una niña sentada con las piernas cruzadas, inmersa en meditación. Llevaba la densa melena recogida en un moño en la parte superior de la cabeza y su cara estaba rodeada de un aura de luz. Mientras la contemplaba, sentada sola a la orilla de la apacible ría, me di cuenta de que le había dado clase. También fue alumna de mi padre, Rodrigues, que le había dado clases de costura en la Iglesia St. Vincent de Paul Society, de la parroquia de Clappana.

~

En 1957 conseguí mi primer trabajo como profesora en el colegio Cotton Hill, de Trivándrum. La primera vez que escribí «Selin Rodrigues» y firmé con mi nombre la lista de la clase, me sentí muy feliz. Di clase en ese colegio durante tres años y después obtuve un puesto en el Colegio Kuríttura. En aquella época había un profesor para cada curso de primaria, que daba todas las asignaturas desde la mañana hasta la tarde; pero cuando empecé en ese colegio, la jornada escolar se había dividido en períodos. Mi trabajo era enseñar inglés a los alumnos de tercer y cuarto curso de primaria.

La filosofía hindú afirma que uno puede unirse a Dios por la proximidad a un Ser de conocimiento. Quizá por méritos adquiridos en vidas pasadas obtuve la bendición de enseñar inglés en tercer y cuarto curso a una niña llamada Sudhámani, conocida hoy en día como Shri Mata Amritanándamayi Devi. Era muy inteligente y, para mí, darle clase ha sido la mayor bendición de mi vida.

Además de Sudhámani, también sus hermanas Kasturi y Sugunamma y su hermano Subhagan fueron alumnos míos.

Sudhámani empezó a tener dolores de estómago hacia el final del cuarto curso. Cuando el dolor era insoportable la llevaba a su casa, y otras veces les pedía a sus amigas que lo hicieran. Hubo dos ocasiones en las que la llevé al médico. Fuimos a la consulta del marido de una de mis compañeras de trabajo, Satyavati, que la examinó y le dio medicinas.

Durante el cuarto curso recibí algunas quejas de otros alumnos sobre su comportamiento:

—Por la mañana, antes de venir al colegio, va y se sienta en la playa.

—Esa niña se sienta con las piernas cruzadas frente al fragor de las olas.

—Siempre falta a las clases de educación física.

Aun así, Sudhámani iba a menudo a la playa a contemplar el mar y hablar con él. Entraba en comunión con la naturaleza, pero en aquella época nosotros no nos dábamos cuenta. Sin embargo, ningún profesor tuvo nunca ni una sola razón para regañarla.

Amma no dejó los estudios después del cuarto curso de primaria, al contrario de lo que dicen muchos. Aprobó cuarto y empezó las clases de quinto. La recuerdo sentada en clase, en la segunda fila. Me acuerdo porque, una vez más, me llamó la atención su inteligencia. Sin embargo, a la segunda o tercera semana Sudhámani dejó de venir al colegio. Más tarde su padre, Sugunachchan, intentó que la readmitieran, pero tenía que realizar un trámite burocrático muy complicado, que incluía obtener permiso de las autoridades escolares de Kóllam y Trivándrum. A pesar de que sus estudios oficiales terminaron en quinto grado, Amma es ahora la guru de muchísima gente en el mundo.

Mi padre era el párroco de la iglesia de Clappana. Cuando la Asociación St. Vincent de Paul se adhirió a la iglesia, mi padre empezó a dar clases de costura. Amma, que estaba aprendiendo costura en una casa en Clappana, empezó a ir a las clases de la iglesia y estudió con mi padre durante dos años.

Recuerdo las palabras de mi padre: «Sudhámani era extraordinariamente rápida entendiendo las cosas. Tan solo le tenías que enseñar algo una vez y lo comprendía inmediatamente. En muy poco tiempo aprendió a coser a mano, a máquina y a bordar».

En las clases de costura había entre diez y quince alumnas. Recuerdo que mi padre decía que Sudhámani tenía una costumbre no muy común: se iba al cementerio de al lado de la iglesia y se sentaba sola. Sus amigas decían que la veían sentada cerca de algunas tumbas y hablando.

Amma empezó a realizar los bhava darshan mientras estudiaba costura. Iba muchísima gente a verla y Ella los hacía tres veces por semana. Sin embargo, la Amma que venía a las clases de costura con mi padre era una persona sumamente humilde. Aunque mi padre admiraba y respetaba a Sudhámani, él no podía aceptar los bhava darshan, porque era cristiano. En una ocasión mi padre llamó a Sudhámani y le preguntó:

—¿Qué es el bhava darshan? ¿Por qué lo haces?

Me doy cuenta de que en aquel momento mi padre no fue capaz de entender la grandeza de Amma. Fue en los últimos momentos de su vida cuando Amma se elevó como una estrella en el firmamento, no solo de la India, sino del mundo entero. El modo en que la voz de Amma retumbó en las Naciones Unidas fue el titular de muchos periódicos. Mi padre pudo oír a todo el país alabando sus proyectos humanitarios. Su deseo era ver a Amma, su antigua alumna, en persona, y en dos ocasiones insistió en que lo lleváramos a verla. Sin embargo, yo me opuse porque estaba enfermo y muy frágil. Entones él me pidió:

—Por lo menos, llévame al lado de la carretera cuando Amma pase por Vállickavu.

Antes, cada vez que iba a ver a Amma Ella me decía:

—¡Hola, profesora!

Mi alumna, mi querida alumna se había vuelto un coloso. Amma, que ahora me llama cariñosamente «hija», es para mí Jagadíshwari, la Madre del Universo, y Karunamayí, la Madre Compasiva. La he visto proteger las orillas de esta tierra con su mar de compasión. Ahora me doy cuenta de que tenía que venir a vivir cerca de su mar de compasión y, por eso, dejé mi trabajo de Trivándrum y me vine a Kuríttura.

Mi padre dejó este mundo el 3 de agosto de 2008, a los noventa y cuatro años. Conservamos la camisa que llevaba el día que murió, en cuyo bolsillo encontramos una foto de Amma. Me quedé asombrada al verlo, puesto que mi padre, en un principio, había negado su grandeza. Creo que al final mi padre se dio cuenta de quién era realmente; sin embargo, no pude cumplir su último sueño de ver a Amma una vez más.

Que Amma me perdone. Ella me comprenderá y me perdonará, porque es mi madre y ayuda a todo el mundo. Los restos de mi padre descansan en el cementerio que Amma visitaba. Estoy segura de que su alma está con Amma en un plano más allá de este. Estoy en deuda con Amma para siempre por su amor y compasión.

(Marzo de 2012)

178

Mi Amma

Rajan Maestri, India

Me acerqué de rodillas a Amma, que estaba sentada en Devi Bhava, me acogió en sus brazos y, pellizcándome en las mejillas, me dijo:

—Hijo, ¿quién te ha traído? ¿Quién te ha dicho que tu Madre estaba aquí?

Esas palabras llenas de compasión me dejaron sin palabras. En mi mente apareció la imagen de mi madre, que había fallecido cuando yo tenía diez años. Ahora tenía cuarenta y ocho. ¿Qué clase de emociones evoca una madre amorosa en la mente de su hijo? Sea lo que fuere, Amma me colmó del amor maternal que no pude tener durante la infancia.

Acudí a Amma en 1980, cuando estaba pasando por dificultades físicas y económicas y hacía muy poco que había casado a mi hija. Un día le estaba contando mis penas a un amigo y él me dijo:

—Rajan Maestri, vamos a ir a un sitio y todos tus problemas desparecerán.

Por algún motivo, ese viaje no se materializó en aquel momento; sin embargo, unos meses más tarde mi amigo volvió a hacerme la misma propuesta. Me propuso quedar al día siguiente a las ocho y media de la tarde en la estación de autobuses de Kóllam. Cerré mi sastrería de Kóllam y acudí a la cita a la hora acordada. A pesar de mi insistencia, mi amigo no quiso decirme adónde nos dirigíamos.

Llegamos a Vállickavu alrededor de las diez de la noche y yo no dejaba de rezar con fervor para que todos mis problemas se resolvieran. Mi amigo dijo:

—Ha terminado el Krishna Bhava. Amma ha empezado con el darshan de Devi Bhava.

Yo no entendí sus palabras, porque Krishna y Devi nunca habían formado parte de mi vida. Nunca me había atraído visitar templos y hacer ofrendas. En aquellos momentos solo podía pensar en aliviar mis problemas físicos y económicos.

~

Empecé a trabajar como sastre a los quince años. Mi padre también lo fue, y ahora lo es mi hijo. Ahora tengo setenta y ocho años. Cada domingo, sin falta, voy a Ámritapuri, aunque Amma no esté físicamente presente. Creo que su presencia siempre está allí. Después de hablar con mis amistades y comer, me vuelvo a casa.

Antes las cosas eran muy diferentes. Incluso llegar al áshram era toda una hazaña. Teníamos que esperar horas al lado de la carretera para subir al autobús 902, que salía de la estación de autobuses de Kóllam a las nueve menos cuarto de la noche y llegaba a Vállickavu alrededor de las diez. Utilizábamos el mismo autobús para volver. Salía a las cinco y diez de la madrugada o, si el darshan terminaba antes, tomábamos una barca que salía a las tres de la mañana del embarcadero del áshram y llegaba a Kóllam a las seis de la mañana.

El áshram no apareció de la noche a la mañana. Amma tuvo que superar toda clase de oposición con amor y seguir adelante. De camino al embarcadero desde el cruce de Vállickavu, la gente de la aldea se burlaba de los que no eran de la zona y se dirigían al áshram. Recuerdo un suceso en la barca, en el que un joven pícaro hizo el siguiente comentario como si estuviera hablando para sí mismo:

—Parece que la gente viene por la noche y se marcha antes de que amanezca.

No me gustó nada, porque su comentario tenía un tono que parecía insinuar algo malo. Sin pensármelo, me acerqué a él y con voz severa le pregunté:

—¿Qué sabes tú de Amma?

El joven se sorprendió, ya que no esperaba ninguna respuesta por mi parte. Con la misma intensidad, seguí diciendo:

—¿Sabías que cuando los plátanos salen de las pequeñas ramas en flor, los murciélagos vienen por la noche a comer su melaza y se van antes de que amanezca?

Todos los presentes en la barca se quedaron sorprendidos.

Amma protegía el áshram no solo haciendo frente a toda clase de oposición, sino también dando a los devotos grandes lecciones de austeridad. Ella hacía el darshan en el kálari, en una pequeña habitación de unos diez metros cuadrados rodeada por veinte o veinticinco personas. Dos devotos, uno a cada lado, la abanicaban. Aun así, terminaba empapada y había que secarla con una toalla. No había dinero ni para comprar un ventilador. Los cantantes de bhajans y los visitantes llenaban el porche contiguo, que medía unos doce metros cuadrados. Cuando terminaba el darshan de Krishna Bhava, Amma repartía entre todos la fruta y los dulces que habían traído los devotos.

~

A mi segunda hija le hicieron una propuesta de matrimonio y se lo comenté a Amma durante el Devi Bhava. Amma me dijo:

—Hijo, haz las preguntas pertinentes y, si te gusta la propuesta, acéptala.

—Amma, mañana pregunto y vengo a contártelo —le dije.

—Mañana no hay darshan —respondió Amma—. Además, Amma se está preparando para salir al extranjero y no tiene tiempo.

Al día siguiente volví felizmente al áshram con las respuestas a mis preguntas. En aquellos días había una cabaña detrás de la antigua sala de oración. Esperé allí durante horas. Algunos residentes del áshram me dijeron amablemente:

—¿No sabes que hoy no hay darshan?

Cuando lo oí, me entristecí y me enfadé. Pregunté:

—¿Acaso esperáis que vaya a América dos días para conocer la decisión de Amma?

No podía ir. Estaba preocupado sobre cómo organizar la boda. Tenía tres o cuatro monedas de oro, pero no eran suficientes. Necesitaba al menos veinticinco, y además habría otros gastos de la ceremonia.

De repente, sentí que había alguien sentado a mi lado. Me volví y vi a Amma. En tono serio, me dijo:

—Me marcho mañana, hijo. ¿No te dije que no vinieras, que hoy no había darshan?

Intenté transmitirle de algún modo la gravedad de mi situación y mi impotencia:

—Sí, Amma, ya sé que no hay darshan. Pero es que quieren celebrar la boda dentro de dos semanas. El novio, que trabaja en el Golfo, quiere volver al trabajo lo antes posible y no tengo dinero.

Amma tomó los horóscopos de los novios que yo llevaba y los miró, los besó y me los devolvió diciendo:

—Hijo, no te preocupes por nada, todo saldrá bien.

Al oírlo, me sentí aliviado porque si Amma decía eso, así ocurriría. Después le dije:

—Alguien del áshram debería asistir a la boda.

Amma asintió con la cabeza, pero yo insistí:

—Es mejor que se lo digas a alguien ahora.

Amma llamó a un brahmachari y le dijo:

—Se va a celebrar una boda en casa de este hijo y alguien del áshram deberá asistir.

Por la gracia de Amma todo salió bien, y muchos amigos y familiares contribuyeron generosamente con una aportación económica y con adornos de oro. Sentía que era Amma derramando su compasión sobre mí. Todavía me asombro de cómo pudo ir todo tan bien.

182

Yo no tuve una madre con la que comportarme como un niño travieso y a la que molestar; pero pude compensar esa carencia con Amma, que siempre aceptó mis travesuras.

Para hacer feliz al niño que hay en mí, Amma aceptó la invitación de venir a mi casa. Después de tomar té y merendar, le dije:

—Amma, vámonos al cine esta noche.

Me miró asombrada. Probablemente nunca nadie le hubiera propuesto algo así, y añadí:

—*Shankarabharánam*[23] es una buena película. Amma debe verla por su hijo.

Amma intentó escapar de la situación, pero no me rendí. Uno de mis mayores deseos era llevar a mi madre al cine y demostrarle así mi amor y mi cariño.

Finalmente, Amma cedió:

—De acuerdo, que así sea, pero primero pregunta a mis hijos.

Cuando los brahmacharis se enteraron de que era *Shankarabharánam*, también se animaron. Lo organizamos para ir en coche a Kóllam y yo me sentía triunfador al frente de un grupo de trece o catorce personas. La felicidad que sentía era equiparable a la de haber conquistado todos los imperios del mundo. Todavía ahora, las olas de aquella dicha permanecen en mi corazón.

Hace poco fui a ver a Amma y dijo en voz alta, para que lo oyera la gente que estaba a su alrededor:

—¿Veis a este anciano? Él fue el que una vez me llevó al cine.

Miré alrededor y había toda clase de dignatarios, incluido un exministro del gobierno central, médicos de prestigio y antiguos directivos de las instituciones de Amma, además de devotos de todas las partes del mundo. ¿Por qué tuvo Amma que decir eso sobre mí delante de toda esa gente? Bueno, en realidad eso es Amma, una madre inocente.

El otro día le dije:

---

[23] Película galardonada, que glorifica la música clásica india y que trata sobre la relación entre el guru y el discípulo.

—Amma, ya tengo setenta y ocho años. Si me das el visado, me marcharé.

—No hay visado para ti ahora, anciano. Vete a sentarte ahí —dijo sonriendo.

(Agosto de 2010)

Primeras impresiones

Sethuraman Shrínivas Kuruvimalái, Estados Unidos

Nací y crecí en un pueblo perdido del estado de Tamil Nadu (India), en una sencilla familia hindú. Mi madre es devota de Devi, por lo que crecí escuchando a diario los cantos devocionales que le cantaba a la Diosa. Ese fue mi único contacto con la espiritualidad. La vida en la ciudad me resultó desconocida hasta que, en 1983, me trasladé a Chennái para realizar mis estudios universitarios.

Mi relación con Amma empezó en 1985. Acababa de llegar a casa de la universidad cuando mi vecino, Seshan-achchan, me llamó y me pidió que repartiera publicidad sobre la visita de Amma a Chennái. Su foto estaba en la publicidad, pero hasta entonces nunca la había visto y le pregunté quién era. Seshan-achchan me dijo que era una gran santa y que la semana siguiente sería la primera vez que visitaría Chennái, y se alojaría en su casa.

Repartí la publicidad entre unas cincuenta familias del vecindario y algunos negocios de la zona. Una semana más tarde, Amma llegó a la casa de al lado y recibí mi primer abrazo en la casa de Seshan-achchan.

Al día siguiente, mi padre recibió el darshan. En ese momento, mi padre sintió un gran deseo de invitar a Amma a nuestra casa, pero no se atrevió a decírselo porque no hablaba malayálam. Amma comprendió el lenguaje de su corazón y le pidió al brahmachari que estaba a su lado que le dijera que pasaría por nuestra casa de camino al programa de esa noche.

Cuando Amma llegó a nuestra casa al atardecer, entró directamente en la sala de pujas y empezó a recitar versos sagrados en malayálam, cantó un par de bhajans y quince minutos más tarde se marchó. Antes de salir nos dio leche como prasad.

Aquella semana yo asistí a todos los programas que se hicieron en distintos templos de la zona y en salones de bodas. Una de las noches, el programa de Amma se celebró en el áshram de Múruga. Era un áshram pequeño, pero la persona que lo dirigía deseaba que Amma fuera a cantar. El sacerdote principal del áshram, un ferviente devoto del Señor Múruga, realizaba pujas diarias a ese dios. Antes de que Amma empezara con su programa, él le pidió permiso para pronunciar un pequeño discurso.

El sacerdote contó un sueño que había tenido la noche anterior en el que Múruga se le había aparecido y le había dicho que lo vistiera y adornara como si fuera Krishna. Le dijo que Radha, la conocida devota de Krishna, iba a ir al día siguiente a cantar bhajans. Entonces, el sacerdote vistió al Señor Múruga como el Señor Krishna, con su hermosa flauta. Al verlo, no se podía saber que fuera el Señor Múruga. Era igual que el Señor Krishna.

Lo más interesante es que, aunque el sacerdote había hecho el voto para toda la vida de adorar solo a Múruga, a petición de su Señor lo había vestido de Krishna. Al terminar el discurso le pidió a Amma que cantara unos bhajans.

Aquella noche Amma cantó bhajans de Krishna y entró varias veces en estado de samadhi (estado de absorción en lo Supremo). Había una quietud absoluta a su alrededor. Yo no sabía lo que significaba el samadhi. Pocos meses antes había leído en el libro *La vida de Ramakrishna* que ese santo entraba en samadhi mientras cantaba bhajans. El hecho de ver a Amma en aquel estado supraconsciente me emocionó infinitamente. Al día siguiente le pregunté a los brahmacharis (que ahora son sannyasis) acerca de ese estado y me dijeron que eso ocurría con Amma continuamente.

Todavía hoy, siempre que voy a Chennái, visito el áshram de Múruga y voy a rezar un rato en el lugar donde Amma se sentó.

Como esto ocurrió hace décadas, llamé al áshram para asegurarme de que mi memoria no me estuviera engañando y comprobar que todo fue como lo he contado. Cuál no sería mi sorpresa cuando la persona que respondió el teléfono fue el sacerdote, que ahora ya es sannyasi. Tiene noventa y tres años y todavía hace dos pujas diarias a Múruga.

~

Las ventanas de la habitación donde Amma daba darshan en Chennái siempre estaban abiertas y, de ese modo, podíamos verla desde nuestro patio, donde mi hermano y yo nos sentábamos a contemplarla. En muchas ocasiones nos hacía una señal con la mano para que nos acercáramos a sentarnos a su lado. Esos darshan en el patio se hicieron durante dos años, 1985 y 1986.

Volvimos a invitar expresamente a Amma a nuestra casa en 1986 y Ella, bondadosamente, nos volvió a visitar. Amma iba a recogerse después de un programa y, al bajar de la furgoneta, nos preguntó si nos parecía bien una visita tan tarde, ya que eran las once de la noche. Se sentó en el sofá, nos invitó a todos a sentarnos con Ella y habló con nosotros un largo rato.

Me apegué emocionalmente a aquel sofá de tal manera que lo conservé casi diez años después de la visita de Amma, aunque ya estuviera muy viejo. Sin embargo, cuando fui a los Estados Unidos en 1996, mi madre aprovechó para dárselo a alguien. En mi opinión, cualquier objeto tocado por un mahatma está empapado de energía espiritual.

En la tercera visita de Amma a Chennái, en 1987, el número de personas que se reunió para verla alcanzó unos cuantos miles. Nosotros habíamos dado por hecho que siempre la tendríamos de vecina; sin embargo, ese año el darshan se realizó en la lujosa casa de una actriz retirada. Ese fue el fin de nuestros darshan en el patio.

Me sentía abandonado, porque ya no recibía tanta atención de Amma; pero, cuando estaba de pie en la puerta de esa nueva casa, Amma me vio y me pidió que me sentara cerca de Ella. Sentí un gran alivio y, con el tiempo, me di cuenta de que Amma no nos abandona; en realidad Ella está dentro de nosotros.

〜

El templo brahmasthánam de Chennái fue el segundo templo consagrado por Amma. Como se trataba de la capital política del sur de la India, hubo que superar muchos obstáculos para construir el áshram. En un momento decisivo del proceso, un alto funcionario que era devoto de Shiva fue trasladado a Chennái. Se hizo devoto de Amma y nos ayudó a resolver todos los trámites burocráticos.

Por entonces Chennái sufría una gran sequía y, cuando los voluntarios le preguntaron a Amma la fecha para la consagración del templo, dijo que sería en mayo, el período en el que la radiación solar es más fuerte en el sur de la India. Los voluntarios le hicieron notar a Amma que sería un día de mucho calor y Amma respondió que ese día llovería intensamente. Como predijo Amma, aquel día cayó tal aguacero en Chennái que todos los periódicos se lo atribuyeron a Amma: cuando un maestro hace un sankalpa, la naturaleza le obedece.

〜

Mi vecino Seshan-achchan era un gran devoto de Amma, igual que su mujer. Meditaba de tres a cuatro horas diarias. Durante un Devi Bhava, Amma lo inició en un mantra y, en pocos minutos, entró en samadhi durante unas siete horas. Él siempre fue un gran apoyo para mi mujer y para mí. Dos de sus hijas son residentes y dos de sus nietas brahmachárinis en Ámritapuri. El ejemplo de Seshan-achchan me demostró que un seglar puede crecer espiritualmente. El recuerdo de verlo meditando durante los primeros programas de Amma en Chennái todavía sigue inspirándome en mi meditación diaria.

~

Aunque han pasado ya casi treinta años desde que conociera a Amma, me he dado cuenta de que lo importante no es el número de años que pasamos con Ella, sino si hemos aprovechado su presencia para alcanzar o acercarnos al objetivo de la vida humana. Cada aliento de Amma es en beneficio de sus hijos y está dispuesta a llevarnos a lo Supremo si tenemos un fuerte anhelo de conseguirlo. Que Amma nos inspire constantemente y nos guíe en todos nuestros esfuerzos por conseguir el Autoconocimiento.

(Agosto de 2013)

Compromiso eterno

Réhana Raj T., India

Conocí a mi alma gemela en 1985. Lo único inusual de ese hecho es que millones de personas también la consideran su alma gemela. Esa alma gemela no es otra que mi guru y mi Madre, Shri Mata Amritanándamayi Devi.

Mis padres nos llevaron a mí y a mi hermano pequeño a ver a Amma cuando aún éramos pequeños. La primera vez que la vi fue en una pequeña cabaña y estaba rodeada por multitud de devotos. Le brillaban los ojos y nos llamó a mí y a mi hermano, lo que nos honró y nos hizo sentir especiales.

Durante nuestro primer darshan, Amma nos hizo cantar bhajans. A él lo llamó «*paattukaaran mon*» («el hijo que canta»). Actualmente mi hermano, Rahul Raj, es un destacado director musical en la industria del cine malayálam. Su primera dedicatoria a Amma fue «*Lokah samastah sukhino bhavantu*», el tema musical de *Amritavarsham 50*, la celebración del cincuenta cumpleaños de Amma.

Los retiros de meditación con Amma eran nuestras mejores vacaciones. Todavía recuerdo claramente los *hari-kathas*[24] de Swámiji, los bailes y las actuaciones, los discursos espirituales y las deliciosas cenas. En cuanto cruzábamos la ría de Vállickavu y llegábamos al áshram, mi hermano y yo nos sentíamos libres como pájaros. Nuestros padres nos dejaban solos nueve o diez días. ¿Qué podía haber mejor que eso? El áshram era el paraíso que, santificado por la presencia de Amma, rebosaba de amor, dicha y tranquilidad. En la década de los ochenta Amma era como una diosa a la que era fácil acceder. Cualquiera podía acercarse a Ella en cualquier momento. En el áshram siempre me sentía como en casa.

Siempre había una gran cantidad de niños alrededor de Amma y Ella a menudo jugaba con ellos. Su juego favorito era el «*kallu kali*», que consistía en lanzar pequeñas piedras al aire para agarrar varias a la vez con una sola mano. Cada vez que lo intentábamos se nos caía alguna; sin embargo, Amma siempre conseguía agarrarlas todas.

En una ocasión, todo el mundo se reunió para ver un espectáculo de baile llamado «*Shri Krishna Lila*». El áshram estaba en obras, por lo que no había sitio para que nos sentáramos todos, así que los niños se sentaron en montones de piedras para poder disfrutar de un buen lugar desde donde ver el espectáculo. Me sorprendió ver que Amma se sentaba cerca de mí. Hipnotizada por su presencia mágica me olvidé de levantarme para mostrarle mi respeto. Cuando empezó la actuación, Amma ató mi vestido a su sari.

Cuando terminó el primer acto apareció el bello Señor Krishna en el escenario. Amma se levantó y aplaudió, y nosotros con Ella. En cuanto empezó la segunda parte de la actuación, todos nos sentamos; sin embargo, Amma siguió de pie. Yo le tiré del sari y le dije que se sentara, pero con un gesto serio me respondió:

—¿Cómo puedo sentarme si mi Krishna está de pie?

Me di cuenta de que para Amma no se trataba de una mera actuación. Ella ve a Dios en todas partes y en todas las cosas.

Cuando se acabó la obra, Amma se fue inmediatamente a su habitación arrastrándome por el nudo de mi vestido atado a su sari. Al darse cuenta me sonrió y deshizo el nudo. Deseé de todo corazón que no lo hubiera hecho, ya que querría estar siempre a su lado. Tuve el privilegio de estar muy cerca de Ella durante siete años y, aunque el nudo se desató, todavía me siento atada a Ella. El romance divino entre un discípulo y su guru nunca se acaba.

∽

Mi madre acostumbraba a asustarme diciéndome que Dios, desde el cielo, ve todo lo que hacemos; así se aseguraba de que no tirara el vaso de leche por la ventana o que no pellizcara a mi hermano. Mi firme fe de que Amma era Dios, y por tanto omnipresente, me hizo preguntarme si conocería todos mis secretos. Había leído en la biografía de Amma acerca de la experiencia milagrosa de una niña a la que Amma se le apareció (siendo visible solo para ella) durante los exámenes para ayudarle a responder las preguntas. Me fascinó tanto la historia que ansiaba tener la misma experiencia. Por eso, cuando ya se acercaban los exámenes hice árchanas especiales del *Lálita Sahasranama* y no estudié. Cuando empezaron los exámenes, esperaba que Amma entrara por la puerta del aula, y estaba tan segura de que iba a entrar que no apartaba la vista de la puerta. El supervisor del examen se dio cuenta de mi extraño comportamiento, porque no escribí nada durante media hora. Mis esperanzas empezaron a desvanecerse y me enfadé con Amma. Durante el tiempo que quedaba me las arreglé para escribir las respuestas.

Una semana después de los exámenes, fui al áshram con el episodio completamente olvidado. Durante el darshan, Amma me preguntó:

—Hija mía, ¿te asustaste en la sala de exámenes? ¿Lloraste al pensar en mí?

—¿Por qué no viniste a ayudarme con los exámenes como hiciste con la otra chica? —le pregunté a Amma cuando me recuperé del susto.

—¿Estudiaste de verdad? —me preguntó Amma riéndose.

—No —le respondí.

—Si hubieras estudiado bien y después lo hubieras olvidado todo, como le ocurrió a esa niña —dijo Amma con infinita dulzura—, claro que te hubiera ayudado. No obstante, Amma escuchó tus plegarias. Si lo intentamos con sinceridad y después dejamos el resultado en manos de Dios, Él responderá a nuestras súplicas.

La respuesta de Amma me convenció y, aunque no se me había aparecido en el aula de exámenes, me demostró claramente que lo sabe todo y que no puedo esconderle nada.

~

En mi familia, todos teníamos preciosos sueños con Amma, excepto mi padre. Rahul y yo hablábamos de nuestros sueños en cuanto nos levantábamos y, cuando los analizaba cuidadosamente, les encontraba el significado con toda claridad.

Como era una estudiante un poco perezosa, mi padre solía traer a casa una caña de bambú para asustarme, pero yo la tiraba al jardín de los vecinos. En una ocasión, cuando se acercaban los exámenes, soñé con Amma en Devi Bhava. Llevaba puesto un sari verde precioso y tenía una caña de bambú en la mano. Amma empezó a regañarme por no haber estudiado y me dijo:

—¿Volverás a lanzar la caña por encima del muro?

Asustada, me echaba a correr y Amma me perseguía. Al final, me rendía y le prometía que nunca volvería a tirar la caña.

Aunque se trataba de un sueño aterrador, no me lo tomé en serio. En mi siguiente darshan, Amma me preguntó:

—Querida hija, ¿tengo que enseñarte la caña y hacerte correr para que seas obediente?

Mi padre se sentía un poco decepcionado por no tener sueños con Amma; sin embargo, un día tuvo uno precioso. Amma se acercaba a su cama y se sentaba cerca de su cabeza. Acariciándole el cabello y tocándole la frente le susurraba al oído:

—Querido hijo, no estés triste.

Mi padre no nos contó nada sobre el sueño. Aquel fin de semana, incapaz de controlar su deseo de ver a Amma, se fue solo al áshram. Cuando Ella lo vio, le dijo:

—¡Eres un pillo! Me viste en el sueño, ¿verdad?

Sin poder decir nada, mi padre se echó a llorar a los pies de Amma.

Mi padre era un enfermo crónico de asma. Llegó un momento en que pasaba más tiempo en el hospital que en casa. Probó con toda clase de tratamientos, pero nada lo ayudaba. Los hindúes creemos que todo el sufrimiento actual es el karma creado por nuestras malas acciones en vidas pasadas. Mi padre le dijo a Amma que él deseaba experimentar su prarabdha lo mínimo posible, y Ella le aseguró que haría desaparecer su asma. Sus visitas al hospital se volvieron cada vez menos frecuentes.

En una ocasión mi padre sufrió un ataque de asma especialmente grave y dejó de respirar. Se lo llevaron al hospital de urgencias, donde los médicos le aplicaron el desfibrilador, pero sin éxito. Mi hermano y yo estábamos en el colegio. Mi madre, asustada y totalmente desesperada, llamó a Amma en oración, repitiendo el mantra continuamente, y después empezó a recitar el *Lálita Sahasranama*. Por la gracia de Amma, mi padre volvió a respirar.

Esa noche, una persona del áshram vino a casa con prasad de Amma, ceniza sagrada y una carta preciosa escrita por la mismísima Amma. Esa persona nos contó lo inquieta que había estado Amma aquel día, y que le había dicho:

—Algo le ha pasado a mi *vakil mon* (mi hijo abogado). ¡Ve a verlo!

Esto es lo que Amma había escrito en la carta:

Querido hijo:
No estés triste, hijito mío. Estaba preocupada por ti. Reza a Dios Todopoderoso. Amma también rezará por ti. No creas que estás solo e indefenso. Amma está contigo. Fortalece tu mente. ¡Besos de Amma!

Más adelante Amma le dijo a mi madre:
—¡Qué fuerte fue tu llamada de aquel día! No pude evitar pensar en vosotros.

~

Amma consagró el templo brahmasthánam de Chennái en mayo de 1990. En ese momento Chennái llevaba mucho tiempo sufriendo una grave sequía; sin embargo, Amma aseguró que el día de la consagración iba a llover. Sus palabras se propagaron como el fuego y, deseosos de ver cumplirse la profecía, seguimos a Amma a Chennái. Nos alojamos en una escuela cercana y olvidamos cualquier clase de incomodidad, sabiendo que Amma se encontraba a un par de habitaciones de nosotros. Todos mis pensamientos estaban impregnados del recuerdo de Amma.

El 6 de mayo, mientras Amma realizaba la *kalasha puja* en la cubierta del templo, vimos águilas sobrevolando el cielo justo encima de Ella (esa propicia señal se ha visto en todas las ceremonias de consagración de templos brahmasthánam realizadas por Amma). Y entonces se puso a llover. Se produjo una gran ovación y todo el mundo sonreía y se quedaba bajo la lluvia; preferían empaparse. Al día siguiente, hasta los titulares de los periódicos proclamaban la lluvia de bendiciones de Amma.

Había agua por todas partes y la carpa en la que estaban sentados los devotos se inundó. Aun así, todo el mundo estaba concentrado en la puja. Hasta las mismas gotas de lluvia deseaban tocar a Amma. Su hermoso rostro estaba adornado con cristalinas gotas de lluvia, que Ella no se quitó. El amor divino cautivó a la multitud, haciéndonos olvidar nuestra conciencia corporal.

Estaba sentada en la última fila mirando a Amma intensamente y pensaba que era difícil que Amma me viera entre aquella multitud. Estaba tan ensimismada por la gracia y el poder de Amma que no me daba cuenta de lo empapada que me encontraba de los pies a la cabeza. Entré en un trance meditativo y pensé: «¡Su belleza es tan deslumbrante como la de Krishna! ¡Ojalá pudiera parecerme a Ella! ¡Que todas mis células se transformen para que así pueda parecerme a Amma!»

Había voluntarios de pie con toallas para secar la cabeza y la cara de los devotos antes de que recibieran el darshan. Después de hacer una larga cola, llegué delante de Amma y, cuando una voluntaria iba a secarme la cabeza, Amma la detuvo y le dijo:

—¡No! Déjala así.

Me dio un fuerte abrazo, me besó en las mejillas y en la frente y me agarró por la barbilla mientras yo me quedaba quieta, como una muñeca. Cálidas lágrimas se deslizaban por mis mejillas. Amma me levantó la barbilla y me dijo:

—Te he visto sentada en la última fila mirándome. Dime, ¿en qué estabas pensando? Yo lo sé, pero quiero que me lo digas tú.

Me daba demasiada vergüenza hablar, así que Amma me dio otro fuerte abrazo y me susurró al oído:

—¡Hija mía, te pareces a mí!

～

Hace años había mucha gente reunida en el templo de Kali para oír la charla de un famoso orador. Mientras hablaba, reinaba un silencio absoluto. Mis ojos vagaron en busca de Amma y la encontraron sentada en el suelo raso, sin nadie al lado. Hice acopio de valor y fui a sentarme muy cerca de ella, cara a cara. Amma no dijo nada. Tan solo me miró y me sonrió como si yo fuera una criatura inofensiva. Para mi sorpresa, me agarró las manos, me abrió las palmas y empezó a mirarlas; después empezó a presionar algunas de las líneas. Sentí que estaba leyéndome el futuro y «corrigiéndome» el destino. Yo la dejé hacer lo que quisiera. Un rato más tarde Amma empezó a quitarme el esmalte de las uñas con las suyas y, cuando vio el anillo con una piedra roja en mi dedo anular, me lo quitó e intentó ponérselo en su dedo meñique. Yo, como una tonta, le rogué que me lo devolviera diciendo que mi madre me regañaría si lo perdía. Amma se limitó a sonreír como Krishna y se lo quedó un rato más. Cuando el sátsang estaba a punto de terminar, Amma se levantó rápidamente, me volvió a poner el anillo en el dedo y me pellizcó cariñosamente el dedo índice. Su cara expresaba una compasión infinita.

Todavía recuerdo con asombro aquel encuentro breve, silencioso y secreto con Amma. La «marca del pellizco» creció a la vez que mi piel y hasta hoy me recuerda mi dichoso compromiso con la eternidad.

(Septiembre de 2014)

«¡Amma sigue siendo la misma!»

Priyan (Fouad Nassif), Líbano

Vyasa (Gregory McFarland, de Estados Unidos) lleva más de treinta años siendo devoto de Amma. Recientemente pasó un mes en Ámritapuri para estar con Amma en la celebración de su sesenta cumpleaños. Aunque ha estado con Amma todos los años en Estados Unidos desde su primera gira mundial en 1987, ya habían pasado dieciocho años desde la última veʒ que estuvo en Ámritapuri. He aquí algunos recuerdos de sus dos primeras visitas a Ámritapuri, en 1982 y 1983.

«En 1979, cuando vivía en Santa Fe, en Nuevo México, un amigo mío que conocía por mi interés por el budismo y el budismo ʒen me dijo que un buscador espiritual que seguía la tradición hindú y que vivía en la India estaba realiʒando una pequeña visita a su familia en Santa Fe. Así es como conocí al brahmachari Nealu, ahora Swami Paramatmananda Puri. Él todavía no conocía a Amma, pero realiʒaba una sádhana muy estricta en Tiruvannamalái y estaba al servicio de Swami Ratnamji, que había sido el asistente personal de Rámana Maharshi. El conocimiento de las escrituras hindúes de Nealu era asombroso y era obvio que se trataba de un sádhak serio, que seguía un régimen estricto de prácticas espirituales a pesar de su frágil estado de salud. Disfruté mucho de la relación con él, pero poco tiempo después volvió a la India.

«Tres años más tarde me encontré con el primo de Nealu en un supermercado y me dijo que había vuelto de visita. Me apetecía mucho verlo. Cuando lo vi me emocionaron su calideʒ y su naturaleʒa amorosa. Me contó sus experiencias más recientes y con gran entusiasmo y alegría me dijo que había conocido a una joven india que era una mahatma, que la había convertido en su guru y que ahora vivía en su áshram. Me enseñó fotos de Ella y me puso un audio en el que cantaba. A medida que iba descubriendo más detalles de Amma, me sentía más convencido de que tenía que ir a la India en cuanto pudiera a conocerla y, quién sabe, quizás a quedarme allí para siempre.

«Nealu volvía a la India tres semanas después. No me parecía posible ni razonable acompañarlo, ya que yo vivía con mi mujer y mi hijo pequeño, tenía un trabajo y muchas responsabilidades. Necesitaba un visado y el pasaporte y, además, tenía que solucionar algunos asuntos relacionados con una propiedad. Aun así, como por arte de magia, todo se resolvió a tiempo y sin ninguna traba pude acompañar a Nealu a la India para ver a Amma en agosto de 1982.

«Nuestro avión aterrizó en Madrás y recuerdo que me encontraba completamente agotado por el viaje. Nealu estaba tan enfermo y tan débil que me preguntaba si llegaría a Kérala. Había llevado muchas cosas en el equipaje y nos retuvieron durante horas en la aduana. Finalmente, «nos liberaron» y encontramos un hotel para descansar un par de días antes de volar hacia Trivándrum. Desde allí fuimos en taxi hasta Vállickavu. El calor, la humedad y la incomodidad del viaje en automóvil me dejaron completamente agotado. Recuerdo que Amma estaba esperándonos en la puerta y me dio mi primer darshan.

«Por entonces el áshram consistía en un establo al lado de la casa de los padres de Amma, donde Ella realizaba los darshan de Krishna y Devi Bhava y, muy cerca del establo, dos filas de cabañas con techo de paja colocadas en forma de ele que estaban divididas en doce cabañitas. Yo me alojaba con Nealu en una de estas. Amma tenía una para Ella, donde recibía a la gente durante el día, y por la noche se iba a dormir a casa de sus padres. El resto de las cabañitas estaban ocupadas por otros discípulos o buscadores que habían decidido quedarse con Amma. Todo estaba rodeado de bosques de cocoteros, marismas, rías y claros donde lavábamos y ayudábamos con las tareas domésticas. El áshram aún no estaba oficialmente establecido y el padre de Amma tan solo había dejado a algunos brahmacharis hospedarse en las cabañas que había al lado de la casa. Los primeros brahmacharis fueron Unni (Swami Turiyamritananda), Balu (Swami Amritaswarupananda), Venu (Swami Pranavamritananda, que se convirtió en un buen amigo), Shri Kumar (Swami Purnamritananda), Ramakrishna (Swami Ramakrishnananda, que entonces todavía trabajaba en el banco), Rao (Swami Amritatmananda) y, por supuesto, Nealu.

«Mientras estaba poniéndome cómodo en la cabaña de Nealu y me disponía a descansar, me dijeron que algo importante estaba a punto de empezar. ¡Era el Krishna Bhava! Una multitud de gente empezó a dirigirse hacia allí.

«Mi primera experiencia con los bhava darshan fue sumamente misteriosa y escapó completamente a mi comprensión. Hubiera sido más fácil comprender el universo. En cuanto se fue el radiante Krishna, lo reemplazó Devi con su corona y su indumentaria características. Nada en mi vida me había preparado para esa experiencia. Nealu me había hablado de los bhava darshan, pero vivirlo en persona fue algo que ni mi mente ni mi intelecto consiguieron procesar.

«En aquellos días, recuerdo que a menudo debatíamos entre nosotros sobre si Amma estaba canalizando a Krishna y Devi durante los bhava darshan, imitándolos, siendo poseída por ellos o simplemente siendo ellos. Mi conclusión fue, después de mi primer encuentro con Ella, que Amma era Devi, la propia Diosa, y ni más ni menos que el Krishna histórico. Nealu, que había estudiado las escrituras, decía que era así y sus argumentos eran más que convincentes. Recuerdo una vez que, intrigado por los bhava darshan, le pregunté a Amma:

«—¿Es Devi real?

«—¡Es tan real como tú! —me respondió sonriendo.

«Se reunían entre trescientos y seiscientos devotos para los bhava darshans, que se celebraban unas tres veces por semana, lo que no me dejaba suficiente tiempo para descansar, ya que no se dormía en toda la noche.

«Amma pasaba literalmente todo el tiempo con nosotros. Comía con nosotros (comíamos en casa de Sugunachchan), nos daba de comer, meditaba con nosotros y cantaba bhajans con nosotros. Los bhajans se hacían justo delante del establo.

«Una vez me puse enfermo y Amma venía cada dos por tres a ver cómo estaba, pero al mismo tiempo me hacía sentir que la enfermedad del cuerpo no era tan importante.

«La meta de todos los que estábamos allí era el Autoconocimiento y todos hacíamos una intensa práctica para alcanzar ese objetivo. En una ocasión le pregunté a Amma:

«—¿Cómo sabré si he alcanzado la Verdad?

«—Cuando comprendas que no eres distinto de mí —me respondió.

«En otra ocasión le pregunté sobre la práctica de hatha yoga que intentaba mantener diariamente. Ella no le dio importancia y me dio a entender que creía que hacer esos ejercicios me incharían el ego y el orgullo. En cuanto lo entendí, Amma me dijo que podía seguir practicando yoga, ya que había comprendido que no debía sentirme identificado con esa práctica. Otra vez me advirtió que nunca empezara a practicar pranayama sin la guía de un maestro con Conocimiento».

Cuando le pregunté si alguna vez había imaginado que el áshram se convertiría en lo que es ahora, Vyasa respondió:

«¡En absoluto! Por entonces nos centrábamos en hacer prácticas espirituales, principalmente meditación y cantos devocionales, y pasábamos el máximo tiempo posible con Amma con el objetivo de alcanzar el conocimiento de Dios. Incluso hacer seva se veía como una excusa del ego para interrumpir la práctica espiritual. Sin embargo, Amma sintió la necesidad de hacernos tener más compasión por los demás. Sirviéndolos, nos centraríamos menos en nosotros mismos. Todo ocurrió en el momento perfecto, tal como Ella lo debió de planear, pero nunca imaginé que su misión incluiría numerosos proyectos benéficos, instituciones, etc. Nunca imaginé que habría edificios tan altos en el áshram.

«Pero, a partir de 1987, cuando Amma empezó con sus giras mundiales, me di cuenta de que haría sentir su presencia en el mundo y que su misión se volvería global. Aun así, todo esto es un milagro, ya que los pocos que vivían con Ella en 1982 y 1983 tenían escasamente lo básico para sobrevivir.

«En una ocasión, al ver la condición lamentable de los utensilios de cocina, platos, vasos y cucharas, me fui a Oachira con un par de «chicos de las cabañas» (así se les llamaba a los brahmacharis) y compré un nuevo juego de platos, vasos, cucharas y ollas de acero inoxidable. Ese mismo día conocí a un *avadhuta*[25] que se llamaba Prabhákara Siddha Yogi. El ver la forma como se comportó fue una experiencia alucinante para mí. Más tarde visitó a Amma y recuerdo cuanto disfrutó Ella viendo cómo se comportaba con total libertad.

«Sin embargo, lo que más recuerdo de aquel viaje a Oachira fue que, de vuelta al áshram, uno de los brahmacharis me contó que la noche anterior Amma le había dicho que estaría bien adquirir una vajilla nueva. ¡Me quedé atónito! Pensé que el sankalpa de Amma era tan fuerte que el universo entero se movía para cumplirlo. Me sentí su humilde instrumento y vi que Ella tenía más control sobre mi mente que yo mismo, y eso me impactó.

«En principio quería quedarme por lo menos tres años, pero vi que todavía tenía apego a diversas cosas de mi vida y no quería negarlo. Echaba de menos a mi hijo pequeño, que se

---

[25] Persona iluminada cuyo comportamiento trasciende las normas sociales.

había quedado en Santa Fe. Así que pasé tres meses, de agosto a octubre de 1982, y volví a casa.

«Mi conexión diaria con Amma siguió siendo muy fuerte. Tenía sus fotos, casettes de bhajans y un vídeo que empecé a enseñar a la gente mientras les contaba mi experiencia. Hubo una chica de mi vecindario que se sintió irresistiblemente atraída por Ella y se vino conmigo a la India cuando volví unos meses más tarde, en 1983, con mi hija adolescente. Esa joven chica era Kúsuma, que ayudó a organizar la primera visita de Amma a los Estados Unidos, en 1987.

«Cuando volví, ya había algunas cabañas más y más gente viviendo con Amma. El áshram se había registrado oficialmente y también se había desmontado el establo; lo habían remplazado por una estructura sólida de cemento, el kálari.

«Actualmente, es el único lugar que sigue igual que entonces. Allí es donde recibí *mantra diksha* (iniciación al mantra) de Amma el 2 de octubre de 1982. Rao también recibió la iniciación el mismo día. Recuerdo la fecha exacta porque, después de mi iniciación, fui a la cabaña y Nealu me sacó una foto con un calendario en el que aparece la fecha justo detrás de mí. Aquella mañana le había pedido a Amma un mantra. Ella había accedido y me había dicho que lo haría al terminar el Krishna y Devi bhavas. Me dijo que debía ducharme antes del comienzo de los bhava darshan. Según la tradición, hay que ducharse con la ropa puesta. También me dijo que preparara una bandeja de fruta y que esperara detrás del establo hasta el final, y entonces mandaría a alguien a buscarme. Yo me encontraba en un estado sublime. Amma me recibió en el establo y solo había otra persona con nosotros. Hizo que me sentara en su *pítham* (asiento sagrado) y me susurró el mantra en la oreja derecha mientras un brahmachari me tapaba la oreja izquierda».

Le pregunté por las fotos que había hecho dentro del kálari, ya que se trata de las fotos más antiguas de Amma en Krishna y Devi Bhava. Vyasa respondió lo siguiente: «Realmente son fotos únicas, de un valor incalculable. A Nealu le parecía que no era correcto que él hiciera fotos, así que me pidió que yo llevara la cámara, entrara al templo durante los bhava darshan e hiciera fotos. Así lo hice, a pesar de que a nadie le pareció bien en aquel momento; sin embargo, a Amma no pareció importarle. Empecé a hacer una foto tras otra y cada vez me acercaba más a Ella, y desde distintos ángulos. En algunos momentos estaba a solo medio metro de Amma.

«Algunas de las fotos más especiales son las que saqué cuando Amma daba darshan a Dattan, el leproso, y le curaba las heridas con la lengua. Recuerdo que, en 1983, un día estaba en Oachira y oí que alguien me llamaba. Me volví y, por unos instantes, me costó reconocer que se trataba de Dattan. Estaba completamente curado, con la piel seca y con zonas de la cara completamente regeneradas.

«Como todo el mundo estaba molesto por las fotos que sacaba, en una ocasión aproveché la oportunidad para preguntarle a Amma si había algún problema y si debía dejar de hacerlas. Su respuesta me sorprendió:

«—Sobre ese tema, haz lo que desees, ¡pero no tengas dudas!

«En otra ocasión, estando todos tranquilamente reunidos alrededor de Amma, algunos brahmacharis comentaron que era muy difícil pronunciar mi nombre (Gregory). Amma dijo:

«—¡Pues a partir de ahora se llamará Vyasa! —y así es como recibí mi nombre».

Vyasa también es conocido por otra cosa. Durante muchos años se dedicó a hacer *kaimanis* (címbalos de mano) para el áshram y para Amma. Él nos cuenta cómo empezó todo:

«En mis primeras visitas al áshram, cuando escuchaba los bhajans, me parecía que todo estaba afinado excepto los kai-manis, que parecían desafinados. Me llevé un par a los Estados Unidos e intenté arreglarlos. Se trataba de un trabajo minucioso, por lo que empecé a estudiar los metales y la física de las campanas, y después me decidí a intentar hacerlos yo mismo. Tras investigar mucho, encontré la mezcla correcta de metal y las mejores proporciones que había que utilizar. Aprendí a fabricarlos yo mismo con ayuda de moldes, para después afinarlos y conseguir el mejor sonido. Desde entonces, cada año que Amma venía a Estados Unidos, yo tenía un juego de kai-manis, cada vez de mejor calidad, para dárselo a los swamis. Amma también tiene un par que hice para Ella y los lleva por todo el mundo. Cada vez que los utiliza les recuerda a los que están cerca de Ella a Vyasa, el devoto americano que aprendió a hacerlos él mismo. A menudo añade que fue uno de los primeros americanos que viajó desde Estados Unidos a la India para conocerla.

«En estos momentos, mientras estoy en Ámritapuri, estoy enseñándoles a los músicos a mejorar el sonido y la calidad de los kai-manis que utilizan y, con el tiempo, a hacerlos ellos mismos».

Cuando le pregunté sobre las celebraciones del sesenta cumpleaños de Amma, Vyasa dijo:

«Creo que a Ella no le importa todo eso. Lo que le hace feliz es ver que la gente aprovecha esa ocasión para estar feliz. Puedo ver claramente que Amma sigue siendo la misma. Todavía se puede recibir el mismo beneficio espiritual acudiendo a Ella siempre que uno se abra adecuadamente. Ella sigue dando incondicionalmente, solo que antes lo hacía con unos cuantos y ahora lo hace con millones de personas. Sin embargo, sigue siendo la misma sin que le afecten los números o cualquier otra circunstancia.

«Ella encuentra la mejor forma de llegar a las capas más profundas de cada persona y hacer que crezca espiritualmente.

Es única. Lo era en 1982 cuando la conocí y tenía veintinueve años, y lo sigue siendo hoy que cumple sesenta».

(Septiembre de 2013)

Cruzar

Mi Madre

Brahmachari Eknath, India

Hay personas que, aunque no crean en Dios, realizan buenas acciones y ayudan a los que más lo necesitan. He visto cómo Amma hace que esas personas se sienten cerca de Ella cuando van a recibir el darshan. Quizá sea esa su bendición por sus buenas acciones. Conozco a un hombre que era así. Se llamaba B. K. Tripathi y lo conocí en el Kumbhamela[26] de Allahabad de 2001, donde me ayudó a montar un puesto del áshram y me alojó en su casa durante esos días. A pesar de tratarse del antiguo ingeniero jefe del Departamento de Regadío de Úttar Pradesh, su casa era sencilla y sin ninguna clase de ostentación. En el salón tenía una foto grande enmarcada de una anciana con un bastón en una mano y la otra mano apoyada sobre la rodilla. Parecía una mendiga. Debajo de la foto había un texto en bhojpuri[27] que no pude entender. Con curiosidad, le pregunté quién era y el señor Tripathi me dijo que era su madre y me narró la siguiente historia:

〜

«Me gradué como el mejor alumno de la Escuela de Ingeniería IIT de Kharagpur[28]. Conseguí un trabajo en el Departamento de Regadío del gobierno de Úttar Pradesh y, con el tiempo, me convertí en el ingeniero jefe, recibiendo muy buen salario aparte de incentivos. Una de mis asignaciones fue la construcción de una presa, pero la oposición de ciertos grupos hizo que el proyecto se paralizara temporalmente. Sin embargo, los miembros del equipo encargado del proyecto seguíamos cobrando mensualmente

---

[26] Celebración religiosa que tiene lugar cada doce años.
[27] Dialecto del norte de la India.
[28] Una de las mejores universidades de la India.

nuestro salario, aunque no hubiera trabajo. Nosotros, mientras tanto, nos dedicábamos a jugar a las cartas o a salir de fiesta.

«Un día vino una anciana a la oficina que, por su apariencia, debía de tener unos ochenta años, y me preguntó:

«—Hijo mío, ¿cuándo vais a empezar a construir la presa? Estoy hambrienta. Dadle un poco de trabajo a estas viejas manos.

«En vez de comprenderla, nos burlamos de ella y la insultamos. Pensábamos que, al tratarla tan mal, desistiría de volver por la oficina.

«Sin embargo, nos equivocábamos. La mujer venía todos los días y nos rogaba que le diéramos trabajo:

«—Hijo mío, ¿cuándo vais a empezar a construir la presa? Estoy hambrienta. Dadle un poco de trabajo a estas viejas manos

«Siempre decía lo mismo.

«Yo, sin ninguna clase de compasión, seguí burlándome de ella. ¡Era tan maleducado que incluso imitaba su forma de hablar y de caminar!

«Un día, mi crueldad llegó al extremo cuando saqué una cámara que había llevado a la oficina con la intención de hacerle una foto. Cuando llegó la mujer, la fotografié y a mis compañeros les pareció de lo más divertido. Me encantaba mofarme del sufrimiento de los demás.

«Ese mismo día todos los del trabajo nos fuimos a cazar a un bosque cercano. Yo iba montando en un elefante. En un momento dado, vi un cervatillo y le lancé una flecha que se le clavó en el costado. El cervatillo gimió y cayó al suelo, giró la cabeza para mirarme y en su mirada pude ver un profundo dolor, sufrimiento y tristeza. Murió enseguida, pero yo no sentí compasión alguna.

«Aquella noche, cuando volví a casa, me enteré de que mi hijo había tenido fiebre. Mi mujer lo había llevado al médico, que le había puesto una inyección en la cadera, y la inyección le había causado una reacción alérgica: ¡la pierna se le quedó paralizada para siempre! Lo que pasó fue para mí un suceso terrible, ya que no dejaba de pensar que lo que le había ocurrido a mi hijo estaba íntimamente relacionado con lo que le había hecho al cervatillo aquella tarde. El destino había golpeado a mi hijo exactamente en el mismo lugar donde yo le había disparado al cervatillo. Me parecía demasiada coincidencia. ¿Se trataba del karma que Dios había dispuesto para mí por mis actos anteriores?

«Esa noche, al irme a la cama, empecé a pensar en lo que había hecho aquel día: el cervatillo, mi hijo, la anciana, sus súplicas, mi despiadada respuesta... Aunque era joven, con estudios y ganaba bastante dinero, lo único que hacía era malgastar el tiempo y el dinero en tonterías. Sin embargo, aquella anciana indigente no pedía dinero, sino que pedía trabajo para poder comprar comida. Tenía dignidad y un noble *samskara* (cultura) del que yo carecía a pesar de mis estudios. Su espíritu de autosuficiencia, a pesar de su edad y del maltrato que afrontaba a diario, era increíble. Lo mínimo que podía hacer era respetar su integridad y no volver a insultarla. Podría ser mi madre o mi abuela. ¡Me había portado como un animal! Por primera vez el recuerdo de su cuerpo encorvado y su voz quebrada hizo que los ojos se me llenaran de lágrimas. Angustiado, me odié y rompí a llorar. Mi llanto duró toda la noche.

«Al levantarme, ya no era el mismo. Fui a una tienda de fotografía y pedí que me enmarcaran la foto; debajo escribí la frase que la mujer decía. También preparé algo de comida yo mismo para dársela cuando viniera, pedirle perdón y que me bendijera. Cuando llegué a la oficina, esperé a que viniera, pero no llegó. Durante los días siguientes estuve buscándola, pero sin éxito. Creo que vino tan solo a despertar mi conciencia. Etiqueté la foto como: "Mi madre".

«Desde aquel día siempre empezaba a trabajar después de mirar la foto, que me ayudaba a mantener vivo el recuerdo de los más necesitados. El recuerdo de la integridad de la anciana también hizo que dejara mi conducta incorrecta, lo que molestó enormemente a mis compañeros de trabajo. Pero mi convicción era tan fuerte que apartaba una parte de mi sueldo para mis gastos y el resto se lo daba a los pobres y a los más necesitados. Incluso llegué a pedir préstamos para ayudarles y, aunque nunca rezaba, sentía que me apoyaba un poder divino.

«Cuando me jubilé no recibí ninguna clase de gratificación, pero con el dinero que me quedaba intenté pagar mis deudas, aunque todavía debía ciento veinte mil rupias. Durante ese tiempo se acordó el matrimonio de mi hija, pero no tenía dinero para organizar la boda. Nadie podría imaginárselo, porque había trabajado de ingeniero jefe hasta jubilarme. Me daba mucho miedo que mi futuro yerno cancelara la boda si se enteraba de mi situación económica. No obstante, tenía una gran fe en que las buenas acciones que había hecho me protegerían de cualquier infortunio. Además, mi conciencia me decía que nunca más le había hecho daño a nadie desde aquel fatídico día. El matrimonio se acercaba y no había podido organizar nada, incluso cuatro días antes de la boda.

«En ese momento recibí una llamada de Kanpur. Se trataba de la madre del novio, que me dijo:

«—Solo tenemos un hijo y nos ha pedido que te dijéramos que quiere una ceremonia muy sencilla. Ha pedido específicamente que su suegro no debe gastar mucho dinero en la celebración, puesto que se trata del deseo de su guru. Después de la boda nos vamos todos a Estados Unidos y, como tenemos muchas propiedades en Kanpur, vamos a enviarte dos camiones llenos de cosas para la boda. Lo único que tienes que hacer es descargarlos.

«Me quedé sin palabras. La divina providencia no me había fallado y la boda fue todo un éxito sin tener que gastar ni una sola rupia. Entre los regalos que me hizo mi yerno, estaban la biografía de Amma y la suscripción a la revista *Matruvani*. Hasta entonces, nunca había pensado ni en Dios ni en ninguna deidad. Después de leer la biografía de Amma, sentía tal veneración por Ella que no podía dejar de llorar. Al leer *Matruvani* me enteré de que Amma lleva a muchas personas por el camino correcto. Además de las experiencias que leí en la revista, mi yerno me explicaba las enseñanzas de Amma en primera persona, porque él las ponía en práctica. Fue Amma la que le dijo a mi yerno que yo no debía gastar dinero en la celebración de la boda. Mi hija también me dijo que su marido se había convertido en otra persona al conocer a Amma y recibir su darshan.

«Empecé a anhelar el darshan de Amma. Por fin, mi familia y yo tuvimos la oportunidad de verla en el programa de Nueva Delhi. Cuando estaba delante de Amma recibiendo su darshan, Ella se agachó, apoyó una mano sobre su rodilla y levantó la otra mano. ¡Me quedé atónito! En aquel momento me recordó muchísimo a la anciana, ¡a mi Madre! En lo más profundo de mi corazón sentí que había sido Amma».

~

El primer darshan impactó profundamente al señor Tripathi. Desde aquel momento dedicó su tiempo a promover la revista *Matruvani*. Confeccionó una lista con las cincuenta personas más conocidas de Allahabad y les envió una copia de *Matruvani*, corriendo él con todos los gastos. También les hizo saber que, si les gustaba *Matruvani* y querían suscribirse, solo tenían que enviar cuarenta rupias, que era la cuota de entonces para la suscripción anual en la India. La respuesta a esa campaña del señor Tripathi fue maravillosa y hubo una persona que incluso envió dos mil rupias para ayudarlo en su campaña de *Matruvani*. Junto con el dinero, envió una carta contándole que Amma se le había aparecido en un sueño, aunque él no sabía quién era esa mujer de blanco. Cuando recibió la copia de *Matruvani* que le había enviado el señor Tripathi, se dio cuenta de que la mujer de blanco era Amma, la mahatma venerada por millones de personas.

También alabó la labor de promoción que estaba haciendo y le animó a continuar.

Con esas dos mil rupias, el señor Tripathi empezó a enviar la revista a muchas más personas y algunos respondieron diciendo que deseaban comprar también otras publicaciones del áshram. Poco a poco, el señor Tripathi dedicó más energía a ese proyecto, e incluso tuvo que pedir ayuda a profesores y alumnos para llevar el registro de las suscripciones. A los seis meses había conseguido realizar mil suscripciones y, además, nos ayudó enormemente en el Kumbhamela de 2001.

En marzo de 2001, durante la celebración del festival brahmasthánam de Delhi, Amma bendijo el matrimonio del hijo del señor Tripathi, el que desde niño tenía la pierna paralizada, y también inició a la pareja en el mantra. Eran alrededor de las cuatro de la mañana cuando el señor Tripathi se me acercó y me dijo:

—Amma me ha bendecido enormemente, porque la discapacidad de mi hijo era algo que me preocupaba mucho. Al bendecir su matrimonio siento que lo ha recibido en su regazo. Además, ¿qué otro gurú en el mundo es tan misericordioso que inicia a sus devotos durante el *brahma muhurta*?[29]

En junio de 2001 fue a casa de un amigo con los libros de registro de los suscriptores de *Matruvani* y todo el dinero que había recogido, y se lo dio, diciéndole:

—Por favor, sigue tú con este trabajo, porque creo que ha llegado mi hora y moriré muy pronto.

El amigo lo reprendió por ser tan macabro, pero su petición quedó en pie. A la mañana siguiente, el señor Tripathi abandonó su cuerpo a la edad de setenta y un años.

∼

---

[29] El período de 96 minutos antes del amanecer, considerado favorable para las prácticas espirituales.

En septiembre de ese año, un juez del Tribunal de Allahabad vino a Ámritapuri para participar en la celebración del cumpleaños de Amma. Llegó un día tarde y las celebraciones ya habían terminado. Todo el mundo pensaba que Amma, que había estado dando darshan durante los tres últimos días, se quedaría en su habitación. Sin embargo, a todos les asombró que saliera a los bhajans de la tarde. Al terminar invitó al juez a su habitación y estuvieron más de tres horas hablando. En su conversación, Amma le preguntó cómo había sabido de Ella, y él le respondió que el señor Tripathi le había enviado una revista de *Matruvani* que le había inspirado para conocerla.

Al oír su nombre, los ojos de Amma se llenaron de lágrimas y dijo:

—Amma puede ver claramente la cara de su hijo, Tripathi. Hasta su último aliento, él pensaba continuamente en Ella y contribuyó a propagar su misión. Al pensar en Amma todo el tiempo, se fundió con Amma y murió en ese estado, alcanzando de ese modo la Liberación... —y siguió hablando mucho tiempo sobre el señor Tripathi.

El señor Tripathi solo había recibido el darshan de Amma unas cuatro o cinco veces; sin embargo, encontró un lugar especial en el corazón de Amma por su altruismo y su servicio desinteresado a los pobres y los más necesitados. Todo ello dedicado a «su Madre».

(Diciembre de 2004)

La aparición Amma

Mádhuri Biswas, India

Mi madre, «Ma» en adelante, llevaba enferma los últimos meses y estaba pasando un tiempo con mis hermanos en nuestra ciudad natal, Jeypore. La llamaba por teléfono dos veces al día para ver cómo estaba y, por su voz, podía notar que cada vez estaba más débil; pero no pensé que su salud empeoraría tan rápidamente. Solo tenía sesenta y nueve años y todavía estaba muy activa. Siempre que mejoraba de su enfermedad, se animaba mucho. Era una mujer optimista, con un gran corazón y una mente muy abierta. A pesar de no tener estudios, su manera de pensar era muy moderna.

El 22 de junio de 2009 me encontraba en la oficina central, en Gurgaon, cuando a las dos de la tarde recibí una llamada de mi *Dada* (hermano mayor en bengalí) diciéndome que el estado de Ma estaba empeorando. Me quedé muy preocupada. Alrededor de las ocho de la tarde Dada volvió a llamar diciéndome que mi madre estaba entrando en coma. Le dije que la llevara inmediatamente a Vishakhapátnam, la ciudad más cercana donde podía recibir el tratamiento médico necesario, porque en nuestro pueblo el equipamiento médico era muy básico.

No pude dormir en toda la noche. Cada media hora llamaba a mi hermano para preguntarle por el estado de Ma, y a cada minuto le rogaba a Amma que me dejara ver a mi madre con vida una sola vez más.

～

En 2006 había llevado a Ma a ver a Amma, en Delhi, durante el programa del norte de la India. En el darshan, cuando Amma le susurró algo al oído, creyó que Amma le había dado un mantra. Muy contenta, empezó a decirles a todos que Amma la había bendecido con un mantra. Alguien le comentó que lo que Amma probablemente le hubiera dicho era «querida hija mía» en oriya o malayálam, pero yo sabía que mi madre no se había quedado convencida. Ella no dejaba de preguntarse cuál sería el mantra e incluso a veces me preguntaba a mí si lo sabía. Después de ese darshan puso una foto de Amma junto a las fotos de dioses y diosas en su sala de pujas. Deseaba visitar Ámritapuri; sin embargo, su estado de salud era tan delicado que no podía hacer un viaje tan largo y siempre que yo iba la echaba mucho de menos y pedía que su salud mejorara. Todavía hoy, me arrepiento de no haberla llevado.

～

Dada y su mujer y mi hermano pequeño y la suya llevaron a Ma a Vishakhapátnam al día siguiente. A las dos y media de la tarde la ingresaron en el hospital Seven Hills, uno de los mejores de la zona. Por la gracia de Amma, conseguí un billete de avión unas horas más tarde y llegué a Vishakhapátnam a las cuatro y media de la tarde. Salí disparada hacia el hospital, sin siquiera recoger el equipaje. Intentaba ser suficientemente fuerte para hacer frente a lo peor; sin embargo, al mismo tiempo no dejaba de pedirle a Amma que curase a mi madre. Cuando llegué a su lado, ya estaba en coma, con respiración asistida, con muchos problemas para respirar y emitiendo sonidos guturales. Yo estaba aterrada, pero me hice la fuerte cuando vi que todos, incluso Dada, estaban muy asustados, desconcertados y tristes. Me dije que Amma estaba con nosotros y que se ocuparía de la situación.

Le puse a Ma ceniza sagrada de Amma en la frente y en el pecho, y le quise poner un poco en la boca, pero los médicos no me dejaron. Al día siguiente había empeorado y no se apreciaba ningún signo de vida, excepto por el bombeo del respirador artificial. Al ver el estado crítico de Ma, Dada y yo nos preparamos para lo peor, pero nuestro hermano pequeño estaba desconsolado.

Notaba su miedo a perder a nuestra madre. Era el más pequeño de los cuatro hermanos y nunca llegó a conocer a nuestro padre, que murió de un ictus cuando Ma estaba embarazada de él. Eso hizo que estuviera muy apegado a ella. En los momentos en que la salud de Ma empeoraba mucho, él salía corriendo del hospital y se iba a la playa o a un templo. En un momento determinado, vino y me dijo que un amigo le había hablado de un medicamento homeopático que podría salvarle la vida a nuestra madre. Yo le pregunté al médico si podíamos probarlo y estuvo de acuerdo.

De repente, pensé: «¿Y si le añadimos ceniza sagrada de Amma al medicamento?» Y así lo hice.

Todos estábamos contando las horas y anticipando lo peor. Pasé la noche en la sala de espera del hospital y, a la mañana siguiente, antes de entrar en la unidad de cuidados intensivos, le pregunté al médico de guardia por el estado de mi madre. Me dijo que había abierto los ojos media hora antes. Cuando la vi, le hablé y me respondió. No pude contener mi alegría y mi gratitud a Amma. Los médicos estaban sorprendidos y satisfechos de su evolución y nos dijeron que, si la infección remitía, había posibilidad de que se recuperara, aunque algún órgano quedaría afectado.

Ma mejoró en los dos o tres días siguientes; sin embargo, sufrió una recaída repentina y volvió a empeorar. Una infección fúngica, que se inició en los ojos, se había extendido a los órganos vitales y la recaída fue más grave. Dada estaba abatido y yo, por la gracia de Amma, pude de algún modo aliviar la angustia de mis hermanos, a pesar de la tristeza que me producía presenciar a nuestra madre sufriendo cada vez más dolor y acercándose a la muerte. Me di cuenta de lo frágil que puede ser el cuerpo humano. Ese hermoso cuerpo que tanto estimamos, que nuestros seres queridos quieren tanto, solo es un montón de carne y sangre que funciona gracias a los órganos vitales, que un día pueden estropearse y fallar. Cuando falla, el cuerpo con el que tantos placeres mundanos hemos disfrutado nos puede provocar un sufrimiento terrible. Mentalmente, dejé el destino de Ma en manos de Amma.

No sabía si Ma sentía dolor, pues en su rostro no había expresión alguna y parecía estar profundamente dormida sin saber lo que le estaba ocurriendo. Pero, al cabo de un rato, ya no pude soportar el ver cómo se iba muriendo y le recé intensamente a Amma para que la librara del dolor.

El 4 de julio, alrededor de las tres de la tarde, estaba sentada al lado de Ma y, de repente, ¡vi a Amma de pie a nuestro lado! No sé cómo apareció allí, pero no era un sueño. Su inequívoco perfume de sándalo y rosa inundó la habitación. Estaba tan cerca de mí que podría haberla tocado con los dedos. Sin embargo, antes de que pudiera reaccionar, Amma le sopló una única vez a Ma en la cara, en los ojos. Y, de improviso, ya no estaba en la habitación. Pensé: «Ma se pondrá bien, porque Amma la ha bendecido». Unos segundos más tarde entraron corriendo los médicos y los enfermeros, diciendo que su situación era crítica. Le pusieron unas inyecciones y le dieron descargas en el pecho; sin embargo, Ma falleció a las cuatro menos veinte de la tarde.

Mientras los médicos intentaban reanimarla, sentí que Ma ya había abandonado su cuerpo por el poder del aliento de Amma. Había librado a mi madre de todo sufrimiento. Ma fue bendecida por Amma. La experiencia de la gracia de Amma en el momento de la muerte de mi madre me ayudó a darme cuenta, una vez más, de la gran bendición que supone el que tengamos a Amma con nosotros en la Tierra.

(Marzo de 2010)

Compasión infinita

Brahmachari Niranjanámrita Chaitanya, India

Muchos vamos por la vida con miedos infundados, incluido el miedo a la muerte. También hay muchos que, al acercarse a la vejez, se preguntan, llenos de remordimiento: «¿Moriré pronto?». ¿Puede alguien dar la bienvenida a la muerte con la misma ilusión con que un padre de familia recibe a un invitado en su casa? Sí, conozco a uno de esos hombres: mi padre. Cuando pienso que él fue el que me dio la mano en mis primeros pasos y me llevó a la presencia de Amma, me siento inmensamente agradecida.

Cuando murió, su voluntad era donar su cuerpo para los estudiantes de medicina, así que preparó todos los documentos necesarios y los tenía guardados en una bolsa de tela para cuando llegara el momento. No escribo sobre él por el apego de una hija a su padre o por estar orgullosa de él. Cuando plantamos el brote de un árbol, ya sea de platanero, de mango, de cocotero o de *tulasi* (albahaca sagrada), esperamos que algún día dé sombra y apoyo a los demás: en eso consiste la esencia de la espiritualidad. También es una forma de compartir. Aunque solo sea un *laddu* (una clase de dulce indio), sabemos que es mucho más agradable cuando lo compartimos con otras dos o tres personas.

Amma siempre nos da ejemplo de compartir, servir y nutrir a los demás. En los primeros días del áshram, cuando terminábamos la seva de transportar arena y cemento y de limpiar, Amma nos esperaba con té y algo para picar. Otras veces nos había hecho una ensalada con trozos de manzana, guayaba y mango. En cuanto recibíamos su prasad, toda la fatiga del cuerpo y el calor desaparecían.

Durante mi infancia, mi padre trabajaba en Oriente Medio. Volvió a la India cuando yo era una preadolescente, y construyó una casa nueva. Yo era su única hija. Cuando cumplí diecisiete años, fui con mis padres a Vállickavu a ver a Amma. Mi padre era un devoto incondicional de Krishna y su devoción a Amma era igual de intensa.

En muy poco tiempo, Amma se convirtió en nuestra guru y yo era testigo de la devoción de mis padres. Sus prácticas espirituales, su devoción y su fe en Amma hicieron que yo me acercara más a Ella. Por eso, cuando terminé los estudios universitarios, tomé esta decisión: quería vivir con Amma.

Mirando hacia atrás, no sé si cuando se lo dije mi padre se sorprendió o se entristeció. Lo que sí sé es que fue a ver a Amma y le dijo:

—Amma, te confío a mi hija.

Cuando se separó de Amma en aquél darshan, vi lágrimas en sus ojos. Nuestros ojos pueden llenarse de lágrimas no solo cuando sentimos pena o dolor, sino también cuando la felicidad nos embarga. Ese día se celebraba Ónam y Amma repartió como prasad páppadam, trocitos de plátano frito y páyasam. ¡Fue inolvidable para mí!

En cierta medida, todos los días son Ónam en Vállickavu. Ónam es, más que una fiesta, una anticipación llena de alegría. Ese día uno no se enfada ni está de mal humor. El ambiente festivo de Ámritapuri solo se apaga un poco cuando Amma está en el extranjero. Incluso entonces, Ella ayuda a los residentes del áshram a no caer en la melancolía proporcionándoles clases sobre los textos sagrados o actividades de seva. Al disfrutar de tanta alegría aquí, me olvidé de mi madre y de mi padre, que nunca han tirado de los lazos del apego, aun siendo yo su única hija. El hecho es que nunca me revelaron su tristeza.

Los veía en las celebraciones de brahmasthánam de Amma en Kodúngallur y Tríssur. Nunca me preguntaban: «¿Cómo estás, hija?». Y yo nunca les preguntaba tampoco cómo estaban. Ellos pasaban el tiempo trabajando el terreno que tenían. Mi padre siempre iba en bicicleta, lo que hacía que gozara de muy buena salud. Después de haber pasado seis años en el áshram, Amma me encomendó un trabajo relacionado con las escuelas. A partir de entonces dediqué todo mi tiempo al Ámrita Vidyalá-yam[30]. Mi mundo giraba en torno a los niños, los padres y los profesores, y yo me dediqué a hacer mi trabajo lo mejor posible.

Solo me di cuenta de que mis padres habían envejecido y que su salud se había deteriorado cuando operaron a mi madre del corazón; pero Amma siempre se había mantenido informada sobre su bienestar y había hecho todo lo que había que hacer. Yo no sabía nada. De hecho, Amma se ocupó de la situación muchísimo mejor de lo que yo lo hubiera podido hacer.

En 2015 volví a Ámritapuri desde Dúrgapur (Bengala Occidental) para las celebraciones de *Guru Púrnima*. Para entonces mis padres ya se habían ido a vivir al áshram y estaban encantados. Mi padre siempre se había dedicado a las plantas y a los cultivos, y allí siguió con lo mismo. Lo único que no tenía era su bicicleta, pero se le veía muy feliz.

En 2016, cuando tuve un darshan privado en la habitación con Amma, Ella me habló sobre mi estado de salud. Me di cuenta de que Amma estaba preocupada de que viviera sola tan lejos de Ámritapuri. Al terminar el darshan con todos los residentes, Amma se marchó para la gira de verano. Yo regresé a Dúrgapur y me llevé a mis padres conmigo, pero a ellos no les gustó mucho el ambiente de allí al haber pasado casi toda la vida en Kodúngallur, donde los espacios abiertos eran completamente distintos de la

---

[30]   Red de escuelas repartidas por toda la India bajo la dirección del áshram, que ofrece una enseñanza basada en valores.

asfixiante atmósfera de la oficina y la escuela. Un día mi padre me dijo:

—Este lugar no me está sentando bien... queremos volver al áshram.

Yo no le había dicho a Amma que me llevaría a mis padres a Dúrgapur, así que le envié un mensaje porque todavía se encontraba de gira por Estados Unidos. Amma me llamó alarmada:

—¡Hija! ¿Qué has hecho? Fui yo la que les dije que se quedaran en Ámritapuri. ¿Cómo les has hecho viajar esa distancia tan grande a su edad? Acompáñalos al áshram inmediatamente y no quiero oír hablar más del tema.

Tras decir eso, Amma colgó.

Me quedé asustada y me di cuenta de que tenía que actuar rápido antes de que Amma me volviera a llamar. Había mucho trabajo en la escuela, pero no podía enviarlos solos de vuelta. Además, yo le ponía siempre las inyecciones de insulina a mi padre. Por tanto, tenía que viajar con ellos, así que arreglé los asuntos más urgentes y salimos hacia el áshram.

Durante el trayecto, mi padre le dijo a mi madre:

—Si muero en el tren, no se lo digáis a nadie. Hacedlo cuando hayamos llegado a Ernákulam.

Mi padre siempre estaba de broma.

—¿Por qué dices eso? —le pregunté.

—Quiero que mi cuerpo sea utilizado por los alumnos de medicina de la universidad de Amma —me dijo.

—¿Tienes miedo de morir? —le pregunté a mi madre.

—No —me dijo riendo.

—Si donamos el cuerpo a la facultad de medicina, lo cortaran en pedazos para examinarlo —dije.

—Este dedo siempre lo tengo entumecido y ya no lo siento —dijo mi madre, apuntándome con el dedo.

Cuando llegamos a Ámritapuri, mi padre expresó su alegría y lo siguiente que hizo fue ponerse a repartir la fruta y algunos árboles pequeños que había traído de Dúrgapur. Al día siguiente alguien me dijo:

—He visto a tu padre yendo al hospital.

No imaginé que fuera nada serio. Pensé que había ido a tomarse la tensión, así que me dirigí al hospital tranquilamente. Al llegar descubrí que su estado era crítico y que una enfermera le estaba poniendo un gotero. Me senté a su lado y empecé a acariciarlo. Poco a poco, empezaron a llegar más brahmachárinis que se habían enterado del estado de mi padre. Al ver la bolsa de tela en las manos de mi padre, preguntaron qué era. Mi padre abrió los ojos, me miró, sonrió amorosamente y dijo:

—¡Amma! ¡Amma! ¡He visto a Amma! ¡La he visto!

Sus ojos se cerraron y, con la más absoluta felicidad, se fue al mundo del que no hay retorno.

A Amma le encantaba la inocencia de mi padre. Comprendí que, por su inocencia, había atraído la gracia y la compasión de la guru. ¿Qué hubiera pasado si hubiera retrasado la vuelta tan solo un día? ¿Qué hubiera pasado si no hubiera reaccionado de inmediato a las palabras de Amma? No puedo ni imaginármelo. Amma me habló con tanta firmeza aquel día insistiendo en que llevara a mis padres a Ámritapuri inmediatamente porque sabía lo que iba a ocurrir. ¡Así de grande es el cuidado y la preocupación de la Madre Universal por todos sus hijos!

(Febrero de 2017)

Nunca es tarde

Mádhavi (Raymonde Binner), Estados Unidos

En julio de 1994 conocí a Amma y fue el encuentro que cambiaría mi vida para siempre. Lloré de felicidad. Al terminar el retiro fui a visitar a mi familia en Québec. Estaba todavía en una nube y deseaba contarles la experiencia. Sin embargo, pronto la alegría se convirtió en tristeza cuando la experiencia no fue bien recibida, especialmente por mi madre, que me dijo:

—No quiero que esa mujer india te coma el coco.

Pensaba que había entrado en una secta y se preocupó.

—Primero te casas con un extranjero, después te vas a vivir a Estados Unidos y ahora esto. ¿No puedes ser normal?

Así que tuve que callarme y no expresar lo que era más importante para mí. Tan solo una sobrina mostró interés por Amma y me pidió una foto; se la di.

En otoño soñé que estaba en la habitación de mi madre y que estaba limpiando y quitando el polvo y la suciedad acumulados desde hacía tiempo. Junto a la pared había un armario pequeño con puertas de cristal, que tenía carretes de hilo ordenados según los colores del arco iris. Le pregunté a mi madre:

—¿Ha estado esto aquí siempre?

Me respondió que sí.

Al despertarme tuve la fuerte intuición de que iba a morir alguien de la familia. El arco iris representaba el puente hacia el otro mundo. Como mi madre ya tenía noventa y un años, pensé que muy probablemente sería ella, aunque no podía estar segura. De modo que esa Navidad me fui a Québec para estar con ella y con el resto de la familia, pensando que sería la última que pasaríamos juntos; y así fue.

En junio de 1995, como de costumbre, llamé a mi madre al volver de vacaciones y ella me dijo:

—No me encuentro bien. Creo que me tendré que ir a una residencia. ¿Cuándo crees que nos podremos ver?

Le dije que, como acababa de llegar de vacaciones, tenía que trabajar un par de semanas y enseguida iría a verla.

A finales de junio fui allí en coche. Como mi madre se sentía mejor, mi hermana y yo la sacamos de la residencia durante una semana y la llevamos a su casa. ¡Imaginad mi sorpresa al entrar en su habitación y ver la foto de Amma colgada en la pared! Mi sobrina se la había regalado por su cumpleaños, diciéndole:

—Toma, esta mujer te va a ayudar.

¡Qué cambio del año anterior a este! Amma había llegado mucho antes que yo y ya estaba haciendo su magia. ¡Menudo alivio! Ahora ya sentía que se había abierto la puerta para compartir con mi madre mi experiencia con Amma.

Una noche, cuando todavía estaba en su casa, no se encontraba bien y tenía miedo de irse a dormir, así que le dije que yo iba a dormir en el suelo de su habitación. Antes de dormirse, le dije que le rezara a Amma, que Ella la ayudaría. Mi madre tomó la foto de Amma y dijo:

—¡Más te vale ayudarme!

«Bueno, esa también es una manera de rezar cuando se está asustado», pensé al oírla.

En cualquier caso, esa noche durmió muy bien. Lo sé porque estuvo roncando y no pude ni pegar ojo. Todo lo ocurrido aquella noche le hizo pensar que, quizás, podía confiar en Amma y Ella le podría ayudar.

Al día siguiente me preguntó sobre Amma:

—¿Es una religión?

—No —le respondí—. Solo tiene que ver con el Amor; con querer a todos, estén sanos o enfermos, sean ricos o pobres, jóvenes o viejos.

225

Así que decidió llevarse la foto de Amma a la residencia. Esa semana que pasó en su casa, en ningún momento dijo nada que fuera triste, negativo o deprimente. Le ayudamos a preparar su ropa para la residencia. Todo ello hizo que las enseñanzas de Amma en relación con lo material en la vida fueran tan significativas: «No te puedes llevar nada contigo». Para mí, había algo de irreal en sus acciones. Era como estar viendo una película, desapegada de toda la situación. De algún modo, mi hermana, mi madre y yo pasamos por toda esa situación sin sentir ninguna tristeza, algo que nunca podía haber imaginado de mí ni de mi madre.

Una noche tuvo un sueño. Estábamos todos juntos —mi hermana, mis tres hermanos y mi madre— y nos dijo que iba a morir y que no quería que llorásemos.

Al terminar aquella semana, cuando nos disponíamos a llevarla a la residencia de ancianos, antes de salir de casa dijo:

—Voy a echar un último vistazo a la casa.

Sabía que nunca más volvería. Fue un momento triste para mí.

En julio fui a un retiro con Amma y le enseñé una foto en la que estaba con mi madre para que la bendijera. Era consciente de que Amma sabía que mi madre iba a morir y que yo deseaba estar con ella hasta el final. Me sentí muy triste, lloré mucho e inicié el duelo.

Unas cuantas semanas después volví a Québec para estar con mi madre. Le habían diagnosticado cáncer de pulmón y había perdido mucho peso; sin embargo, no sentía dolor. Rechazó la quimioterapia y se consideraba bendecida por haber vivido noventa y dos años con salud y, si así era como Dios quería llevársela, que así fuera.

Empezamos a realizar el ritual de rezar juntas por la noche mientras sostenía la foto de Amma cerca del corazón. Pedíamos obtener el valor, la guía, la protección y la presencia de Amma. Después mi madre me decía:

226

—Vete a casa y descansa. Yo estoy bien. No tengo miedo. Mañana nos vemos.

Un día le hablé sobre lo que yo pensaba de la reencarnación y lo que Amma dice de la muerte. Escuchó atentamente, pero no hizo ninguna pregunta. Todo era muy nuevo para ella. Más adelante me dijo que estaba muy contenta de que hubiéramos tenido esa conversación, que le había ayudado mucho y que mis hermanos no habrían sido capaces de hacerlo.

Una vez le dije:

—Debe de haber sido muy difícil dejar la casa que papá y tú construisteis y en la que vivisteis más de sesenta años.

—No, cuando dejé marchar todo, lo hice de golpe: la casa, la televisión, la música... Alguien me está dando el valor necesario para hacerlo.

No era mi madre la que hablaba. Estaba completamente desapegada y en el presente.

En otra ocasión le dije:

—Estoy muy orgullosa de ti. Estás haciéndolo muy bien, acercándote así a la muerte.

—No sé de dónde me viene ese valor —me respondió.

Empecé a sospechar que Amma tenía mucho que ver con todo eso.

Cuando se acercaba el final, me dijo:

—Ya está. Ya está bien de tonterías. Creo que mañana domingo es un buen día para morir.

Empezó a dar instrucciones sobre cómo quería ir vestida en el ataúd, qué joyas quería llevar, qué zapatos, quién llevaría la cruz y quién portaría el féretro. Le dije que al lugar al que iba no necesitaba zapatos, que podía ir descalza, y respondió:

—¡Tienes razón!

Y sonrió.

Dijo que debíamos estar de acuerdo en el reparto de las cosas de la casa y que deseaba morir con las manos juntas, con su rosario en el ataúd y una sonrisa en el rostro. Se estaba encargando de todo y parecía que estuviera tratando los asuntos de otra persona. Después me dijo que había sido la decisión más difícil que había tomado en su vida, ya que no se tiene la oportunidad de practicar la muerte muy a menudo. Pasó toda la noche con la foto de Amma junto al corazón y la tuvo sobre la mesilla, a su lado, todo el día.

A la mañana siguiente, parecía que de verdad iba a morir y el cambio fue extraordinario, pero no fue así. Yo le dije que había hecho demasiado tarde la reserva para que Dios la recogiera y que tendría que esperar a la próxima ronda. Sonrió.

El domingo por la mañana, después de recibir la extremaunción, nos preguntó si teníamos algo que decirle, ya que era nuestra última oportunidad. Le dijo a mi hermano, a su pareja y a su exmujer, que no se habían hablado durante años, que se acercaran a la cama, los tomó de la mano y puso sus manos una encima de otra como queriendo decir: «Es el momento de hacer las paces». Fue un gesto enormemente significativo. Todo lo que dijo e hizo no era en absoluto propio de la madre que yo había conocido. La noche antes de que muriera sentí que tenía que pasar la noche con ella. Mi deseo de pasar hasta el último momento con ella se cumplió y murió a las seis de la mañana.

Sorprendentemente, en el ataúd estaba sonriente, tenía las manos juntas y llevaba el rosario, tal como ella quería. Como Amma había desempeñando un gran papel en toda la experiencia, puse su foto en el ataúd con un pequeño ramo de flores silvestres. Muchas personas querían saber quién era, incluido el sacerdote. Así que tuve la oportunidad de hablarles a todos de Amma.

La hermana pequeña de mi madre, que entonces tenía ochenta y nueve años, me preguntó si podía quedarse con la foto de Amma. Eso me hizo muy feliz. Murió un par de años más tarde y entonces su hijo me preguntó si podía quedarse con la foto de

Amma que había tenido mi tía. Hasta donde yo sé, Amma sigue trabajando con mi familia.

Si miro hacia atrás, he aprendido mucho por la gracia de Amma. Por medio de mi madre, Amma me enseñó la manera de morir con valor, con dignidad y sin miedo, tal y como enseña en su libro. La muerte debe ser una experiencia maravillosa, y así lo fue. Al principio, pensaba que yo sería la maestra de mi madre, ya que llevaba algún tiempo en el camino espiritual. ¡Menudo ego! Resultó que fue exactamente lo contrario: mi madre fue mi maestra. Amma tenía sus propios planes.

Estoy muy agradecida por haberme tomado el tiempo para estar con mi madre los dos últimos meses de su vida. Recibí muchas bendiciones en esa experiencia. Primero, mi miedo a la muerte se desvaneció. Segundo, por primera vez en mi vida mi madre me dijo que me quería. Tercero, al ver una parte de mí que ella desconocía, mi madre me dijo que era extraordinaria, de nuevo por primera vez. Después de cincuenta y ocho años esperando, aquellas palabras fueron música para mis oídos y las guardaré en el corazón el resto de mi vida. Todo ocurrió por la gracia de Amma.

(Julio de 2010)

Glosario

Achchan Palabra malayálam que significa «padre».

AIMS Amrita Institute of Medical Sciences (Instituto Ámrita de Ciencias Médicas), un hospital de múltiples especialidades, creado y gestionado por el M.A. Math, y ubicado en Cochín (Kérala).

Amma Palabra malayálam que significa «madre».

Ámmuma Palabra malayálam que significa «abuela».

Ámrita Vidyálayam Red de escuelas repartidas por toda la India gestionada por el M. A. (Mata Amritanándamayi) Math que proporciona una educación basada en valores éticos.

Amritakutíram Proyecto del M. A. Math a través del cual se construyen viviendas gratuitas para los más desfavorecidos.

Amritanidhi Sistema de pensiones del M. A. Math para los más desfavorecidos.

Amritaniketan Orfanato de Paripalli (Kóllam) gestionado por el M. A. Math.

Ámritapuri Sede principal del áshram de Amma en Kérala (India).

Amritéshwari «Diosa de la Inmortalidad», un epíteto de Amma.

Árchana Forma de adoración en la que se recitan los nombres divinos de una deidad.

Áshram Monasterio. Amma lo define como un nombre compuesto de aa («el») y shrámam («esfuerzo») (hacia el Autoconocimiento).

Ashtóttaram Letanía que consta de ciento ocho atributos o nombres.

Atma El Ser o Alma.

Avadhuta Persona iluminada cuyo comportamiento no se ciñe a las normas sociales.

Avatar Encarnación Divina.

¡Despertad, Hijos! Serie de nueve libros de conversaciones con Amma, recopiladas por Swami Amritaswarupananda Puri.

Ayurveda «La ciencia de la vida». Sistema holístico de medicina y salud tradicional de la India. El adjetivo es «ayurvédico».

Bhágavad Guita «La Canción del Señor», que consta de dieciocho capítulos en verso, en los cuales el Señor Krishna aconseja a

Árjuna. Los consejos son impartidos en el campo de batalla de Kurukshetra, justo antes de que empiece la guerra entre los justos Pándavas y los malvados Káuravas. Es una guía práctica para superar las crisis de la vida en el nivel personal o social, y contiene la esencia de la sabiduría védica.

Bhágavatam También conocido como Shrímad Bhágavatam o Bhágavata Purana (significa «historias sagradas del Señor Supremo»); es uno de los textos puránicos del hinduismo. Contiene las historias de Vishnu, e incluye la vida y los juegos de Krishna.

Bhajan Canto devocional a Dios.

Bhakti Devoción por Dios.

Bhima El segundo de los hermanos Pándava, que lucharon contra los Káuravas en la guerra del Mahabhárata.

Bindi Punto rojo que las mujeres hindúes llevan en el centro de la frente.

Brahmachari Discípulo célibe que sigue una disciplina espiritual bajo la guía de su guru. Brahmachárini es el equivalente femenino.

Brahman La Verdad Absoluta, más allá de cualquier atributo; la Realidad Suprema, la base de toda vida; el fundamento Divino de la creación.

Brahmasthánam «La Morada de Brahman». Es el nombre de los templos que Amma ha consagrado en diversas partes de la India y en Mauricio. El altar del templo contiene un único ídolo de cuatro caras que simboliza la unidad tras la diversidad de formas divinas.

Brahmán El que pertenece a la casta de los sacerdotes. Las cuatro castas principales de la sociedad india son: Bráhmana (casta sacerdotal), kshátriya (casta marcial), vaishya (casta de los comerciantes) y shudra (casta de los trabajadores).

Cent Unidad de medida que todavía se usa en el sur de la India. Si dividimos un acre (unos cuatro mil metros cuadrados) en cien partes, equivale a una de esas partes, aproximadamente cuarenta metros cuadrados.

Dákshina Honorario; donación o pago por los servicios prestados por un guru, maestro o sacerdote.

Dakshinéshwar Población cercana a Calcuta, en Bengala Occidental.

Darshan Audiencia con una persona santa o visión de lo Divino.

Devi Diosa / Madre Divina.

Devi Bhava «Estado Divino de Devi». El estado en el que Amma revela su unidad e identidad con la Madre Divina.

Devi Mahátmyam Setecientas estrofas que glorifican a la Madre Divina.

Diksha Iniciación, si es a un mantra; se llama mantra diksha.

Duryódhana El mayor de los cien hijos del Rey Dhritarashtra y la Reina Gandhari; el jefe del clan Káurava que reclamaba el trono de Hastinapura.

Gánapati «Jefe de los ganas», los ayudantes del Señor Shiva; otro de los nombres de Ganesha.

Ganges El río más sagrado de la India.

Guru Maestro espiritual.

Guru Púrnima Primera luna llena tras el solsticio de verano. En ese día los devotos rinden homenaje a su guru y al sabio Vyasa, que recopiló los vedas. Es muy venerado por los hindúes.

Hari-katha Narración de textos sagrados, en especial de Krishna, en la que se intercala el canto de bhajans.

Hatha yoga Ejercicios físicos para el bienestar general mediante la tonificación del cuerpo y la apertura de los diversos canales corporales favoreciendo un flujo libre de la energía.

Homa Ceremonia con fuego sagrado en el que se presentan ofrendas a la divinidad.

IAM Integrated Amrita Meditation (Meditación Integrada Ámrita). Técnica de meditación que consiste en una combinación sencilla de yoga, pranayama (respiración guiada) y meditación, creada por Amma.

Íshwara Kripa La Gracia de Dios.

Japa Recitación constante de un mantra.

Kaimani Pequeños címbalos de mano.

Kálari En general, centro de entrenamiento de artes marciales. Aquí, el templo en el que Amma realizaba los darshan de Krishna Bhava y Devi Bhava.

Kali Diosa de aspecto feroz, con tez morena, una guirnalda de cráneos y un cinturón de manos humanas. También, la forma femenina de Kala (tiempo).

Kanji Sopa de arroz.

Karma Acción; actividad física, mental o verbal.

Kártika Tercera constelación, las Pléyades; estrella de nacimiento de Amma.

Káthakali Un tipo de teatro danzado, original de Kérala.

Kripa Gracia.

Krishna De «krish» que significa «atraer hacia uno mismo» o «que quita el pecado»; la encarnación principal del Señor Vishnu. Nació en el seno de una familia real, pero creció con unos padres adoptivos y vivió como un joven pastor de vacas en Vrindavan, donde fue querido y venerado por sus devotos compañeros, las gopis y los gopas. Más adelante, Krishna fundó la ciudad de Dwáraka. Fue amigo y consejero de sus primos, los Pándavas, en especial de Árjuna, a quien sirvió como auriga durante la guerra del Mahabhárata, y a quien reveló sus enseñanzas que constituyen la Bhágavad Guita.

Krishna Bhava «Estado Divino de Krishna», en el que Amma revela su unidad e identidad con el Señor Krishna.

Kumbhamela Fiesta religiosa que se celebra en la India cada doce años y en la que los hindúes se reúnen para bañarse en un río sagrado.

Laddu Dulce indio hecho de una mezcla de harina, azúcar y otros ingredientes dependiendo de la receta, con forma de bola.

Lakh Cien mil.

Mahatma «Gran Alma». Se utiliza para designar al que ha alcanzado el conocimiento espiritual.

Mala «Guirnalda», collar de cuentas para el japa.

Malayálam Idioma que se habla en el estado indio de Kérala.

Mantra Un sonido, sílaba, palabra o palabras con contenido espiritual.

Matruvani «La Voz de la Madre», es la publicación principal del áshram, que difunde las enseñanzas de Amma bajo la forma de mensajes, discursos sobre temas espirituales, experiencias de devotos y discípulos y noticias sobre las actividades benéficas, además de otros temas de interés espiritual. Se publica en dieciséis idiomas, incluidos nueve idiomas de la India (malayálam, tamil, canarés, télugu, hindi, maratí, guyaratí, bengalí y oriya) así como inglés, francés, alemán, español, italiano, finlandés y japonés.

Melpáttur Melpáttur Naráyana Bhattattiri fue un erudito que compuso el Narayaníyam.

Moksha Liberación espiritual.

Mudra Gesto hecho con las manos y los dedos que tiene un significado místico.

Mundu Adorno que se lleva en la cintura.

Múruga «Hermoso», uno de los nombres de Kartikeya (el hijo de las Pléyades); segundo hijo de Shiva y hermano de Gánapati.

Narayaníyam Poema sánscrito que resume el Bhágavatam.

Om Sonido primordial del universo; la semilla de la creación; sonido cósmico que se puede oír en estados de meditación profunda; es el mantra sagrado que se enseña en las úpanishad y que representa a Brahman, la base de toda la creación. En la meditación que Amma enseña, es el sonido que se sincroniza mentalmente con cada espiración en las etapas iniciales de la meditación, antes de que el sonido se disuelva en la respiración.

Om Namah Shivaya «Alabado sea Shiva, el Propicio».

Ónam Fiesta de la cosecha de Kérala.

Óttur Unni Nambúdiri Compositor del Ashtóttaram de Amma.

Panchámritam Pudín dulce hecho de cinco ingredientes.

Panchavádyam Grupo de música tradicional compuesto de cinco instrumentos, que suele actuar en los templos y las fiestas de Kérala.

Paramaguru Guru Supremo.

Parashakti Poder Supremo.

Páyasam Pudín dulce.

Pítham Asiento sagrado.

Prarabdha Consecuencias de las acciones realizadas en vidas anteriores que se experimentarán en la vida actual.

Prasad Ofrenda o regalo bendecido por una persona santa o un templo, normalmente en forma de comida.

Puja Ritual o ceremonia de adoración.

Pujari Sacerdote.

Purana «Tradición», la sabiduría tradicional. Cuentos e historias populares del hinduismo que contienen enseñanzas éticas y cosmológicas sobre los dioses, el ser humano y el mundo. Giran en torno a cinco temas: la creación primaria, la creación secundaria, la genealogía, los ciclos del tiempo y la historia. Hay dieciocho puranas principales.

Radha Lechera y compañera amada de Krishna.

Rama Héroe divino de la epopeya Ramáyana. Fue una encarnación de Vishnu y se le considera el ideal de la virtud y el dharma. «Ram» significa «deleitarse»; el que se deleita consigo mismo, el que es el principio de la felicidad interior; también el que alegra el corazón de los demás.

Ramáyana «Vehículo de Rama», la trágica historia de amor entre Rama y Sita, cuyas ejemplares vidas han ayudado a instalar las bases de la dignidad y la nobleza como parte integral del dharma del hinduismo.

Sádhak Buscador o aspirante espiritual.

Sádhana Régimen de práctica espiritual disciplinada y dedicada que lleva al estado supremo de Autoconocimiento.

Samadhi Literalmente, «cese del movimiento mental»; unidad con Dios; estado trascendental en el que se pierde la identidad individual; unidad con la Realidad Absoluta. Estado de intensa concentración en el que la conciencia se unifica completamente.

Samsara Ciclo de nacimientos y muertes; la esfera del cambio constante; la rueda del nacimiento, la decadencia y la muerte.

Samskara La totalidad de los rasgos de la personalidad, que se han adquirido por los condicionamientos de muchas vidas. También puede significar el nivel de refinamiento interior o carácter.

Sanctasanctórum «Lo más sagrado», la parte más sagrada de un templo en la que se instala la imagen divina.

Sankalpa Resolución divina, generalmente realizada por los mahatmas.

Sannyasi Monje que hace votos formales de renuncia (sannyasa); tradicionalmente lleva ropa de color ocre, que representa la quema de todos los deseos. El equivalente femenino es sannyásini.

Sánscrito Antigua lengua indoeuropea; el idioma de la mayor parte de las escrituras hindúes tradicionales.

Seva Servicio desinteresado, cuyos resultados están dedicados a Dios.

Sátsang Estar en comunión con la Verdad Suprema. También, estar en compañía de mahatmas, estudiar las escrituras, escuchar discursos espirituales y participar en actividades espirituales en grupo.

Shakti Poder; encarnación de la Madre Universal; principio de la energía pura relacionada con Shiva, el principio de la conciencia pura.

Shishya Discípulo.

Shiva Se le adora como el guru primordial y más importante en el linaje de los gurus y como el sustrato sin forma del universo en relación con Shakti. En la Trinidad, Brahma es el Señor de la Creación, Vishnu el Señor de la Preservación y Mahésvara o Shiva el Señor de la Destrucción.

Shri Lálita Sahasranama Recitado sagrada de los mil nombres de Shri Lálita Devi, la Diosa Suprema.

Shri Mata Amritanándamayi Devi Nombre oficial de Amma, que significa: «Madre de la Felicidad Inmortal».

Shri Ramakrishna Paramahamsa Maestro del siglo diecinueve de Bengala Occidental, considerado el apóstol de la armonía religiosa. Promovió un renacimiento espiritual que todavía influye en la vida de millones de personas.

Shri Rámana Maharshi Maestro espiritual Iluminado (1879–1950) que vivió en Tiruvannamalái, en Tamil Nadu. Aconsejaba el Autoconocimiento para llegar a la Liberación, aunque también aceptaba otros caminos y prácticas espirituales.

Shri Shárada Devi Consorte de Shri Ramakrishna Paramahamsa.

Sudhámani «Joya de Ambrosía», nombre que los padres de Amma le pusieron al nacer.

Swami Título de quien ha hecho el voto de sannyasa.

Túlasi Albahaca sagrada.

Úpanishad Parte de los Vedas que trata sobre el Autoconocimiento.

Vállickavu Pueblo situado al otro lado de la ría, en el lado Este de la península, donde se encuentra el ashram de Ámritapuri. A veces, se hace referencia a Amma como «Vállickavu Amma» o «Vállickavil Amma».

Vedanta «El fin de los Vedas». Se refiere a las úpanishad, que tratan sobre Brahman, la Verdad Suprema y el camino para llegar a esa Verdad.

Vedas Las más antiguas de todas las escrituras; procedentes de Dios, los Vedas no fueron compuestos por ningún autor humano sino «revelados» a sabios de la antigüedad en estado de meditación profunda. Esas revelaciones se conocen ahora como los Vedas y hay cuatro: Rig, Yajus, Sama y Atharva.

Vibhuti Ceniza sagrada.

Yashoda Madre adoptiva de Krishna.

Yoga De «yuj» (samadhau), que significa «concentrar la mente"; «yuj» (samyamane), que significa «controlar»; y «yujir» (yoge), que significa «unir». Unión con el Ser Supremo. Es un término amplio que también designa las diferentes prácticas por las cuales se puede llegar a la unidad con lo Divino. Camino que lleva al Auto-conocimiento.

www.ingramcontent.com/pod-product-compliance
Lightning Source LLC
LaVergne TN
LVHW051549080426
835510LV00020B/2922